o poder da ORAÇÃO para MULHERES

JACKIE M. JOHNSON

o poder da ORAÇÃO para MULHERES

Fortaleça o relacionamento com Deus nas 21 áreas mais importantes

Tradução de
Erika Essinger

THOMAS NELSON BRASIL

Rio de Janeiro
2011

Título original
Power prayers for women

EDITOR RESPONSÁVEL
Omar de Souza

SUPERVISÃO EDITORIAL
Clarisse de Athayde Costa Cintra

PRODUÇÃO EDITORIAL
Thalita Ramalho

CAPA
Valter Botosso

TRADUÇÃO
Erika Essinger

COPISDESQUE
Taís Facina

REVISÃO
Margarida Seltmann
Cristina Loureiro de Sá

Diagramação e projeto gráfico
Especial Book's Editoração Ltda

CIP-BRASIL. CATALOGAÇÃO NA FONTE
SINDICATO NACIONAL DOS EDITORES DE LIVROS, RJ

J65p Johnson, Jackie M.
O poder da oração para mulheres: Fortaleça o relacionamento com Deus nas 21 áreas mais importantes / Jackie M. Johnson; [tradução Erika Essinger]. - Rio de Janeiro: Thomas Nelson Brasil, 2011.

Tradução de: Power prayers for women
ISBN 978-85-7860-167-6

1. Mulheres - Vida religiosa. 2. Literatura devocional. I. Essinger, Erika. II. Título.

11-0179. CDD: 248.4
CDU: 248.12

Thomas Nelson Brasil é uma marca licenciada à Vida Melhor Editora S.A.

Rua Nova Jerusalém, 345 – Bonsucesso
Rio de Janeiro – RJ – CEP 21402-325
Tel.: (21) 3882-8200 – Fax: (21) 3882-8212 / 3882-8313
www.thomasnelson.com.br

Agradecimentos

Para meus pais, que foram os primeiros a me ensinar a orar, Robert Johnson e Patti Ripani.

Um agradecimento especial para Ken Gire, por sua força e seu apoio, e Judith Couchman, por seus conselhos, orientações e amizade. Obrigada a meu doce e compreensivo editor da Barbour Publishing, Paul K. Muckley. Minha profunda gratidão à minha família, amigos e ao grupo de estudos bíblicos das quartas à noite, por todas as orações que ajudaram a me sustentar. Vocês são mais amados e apreciados do que imaginam.

Sumário

Introdução

O poder da oração

Não há no mundo vida mais doce e encantadora do que a vivida em constante conversação com Deus.

Brother Lawrence

O amor, a comunicação e os relacionamentos têm igual importância para as mulheres. Nós gostamos de nutrir os laços de amizade passando nosso tempo em grupo – seja conversando ao tomar café, fazendo scrapbook com amigos ou sendo voluntárias na entrega de uma sopa. Nós ansiamos por nos conectar de forma mais profunda em conversas com nossos maridos e namorados (ok, muitas vezes não obtemos sucesso, mas continuamos ansiando por isso). Com nossos amigos mais próximos dividimos nossas vontades e perdas, desejos e decepções, batalhas e sonhos secretos. As amizades nos trazem alegria e nos preenchem.

Enquanto os laços emocionais com a família e os amigos são essenciais para o nosso bem-estar, também o é a nossa conexão com Deus. Esse é, de fato, o relacionamento mais importante em nossa vida – e ele pode se tornar mais forte e mais profundo à medida que o conhecemos melhor. Você pode procurar a amizade de Deus da mesma forma que faria com outra pessoa – através da conversa (oração), aprendendo mais sobre a pessoa (lendo a Bíblia) e passando tempo com seu amigo (apreciando a presença de Deus). Dessa fonte do primeiro amor, todo o resto irá florescer na vida.

A maior parte de nós quer mais relacionamentos amorosos, mais felicidade, mais confiança e mais energia para que possamos viver o melhor de nossa vida. Queremos que nossos filhos estejam seguros e que tomem decisões sábias. Queremos mais energia para balancear as exigências do trabalho, ministério, família e casa. Queremos nos livrar dos nossos maus hábitos. Queremos mudar – mas muitas vezes nos falta autodisciplina ou motivação para fazer com que a mudança aconteça. É por isso que a oração é tão importante.

A oração nos conecta àquele que tem o poder de fazer uma mudança duradoura em nossa vida. É uma conversa sagrada, falar com e ouvir o Deus Todo-Poderoso, aquele que nos ama mais do que jamais imaginaremos. Na verdade, é daí que vem o poder das orações mais poderosas: do fato de estar conectado.

A oração é uma conexão de amor com Deus

Como está a sua conexão de amor? Talvez você fale com Deus regularmente, mas não sinta que está conseguindo alcançá-lo. O dever substituiu o desejo, e seu momento de oração parece maçante, rotineiro e tedioso. Talvez, como muitas pessoas, você queira orar com mais consistência – mas mesmo que suas intenções sejam boas, você está muito ocupada e distraída. Você quer resultados, mas as respostas demoram mais do que você acha que deveriam. E por vezes, quando parece que não há absolutamente nada acontecendo, você se pergunta se suas orações estão funcionando.

Quando isso acontece, é o momento de conseguir de volta o "poder" de suas orações. Como? Conectando-se e mantendo-se conectada com a Verdadeira Fonte, você poderá ser transformada positivamente.

O que a oração é – e não é

A oração é multidimensional. Por vezes é um oásis acalentador, um lugar de silêncio e solidão onde você pode encontrar esperança por uma vida revitalizada. Em outros momentos é um ringue, onde você batalha com Deus em confissão, uma chance de falar para Deus sobre seus erros – e encontrar o perdão. Diante de tal liberdade, a oração se torna uma celebração no momento em que você agradece a Deus por tudo o que ele fez por você e por tudo o que ainda vai fazer. Finalmente, a oração pode ser uma namoradeira,* um lugar privado onde Deus sussurra o amor dele por você – e você responde, falando o quanto o adora. Essas bênçãos não são limitadas a um momento de devoção – você pode falar com Deus no decorrer do dia em uma conversa contínua. Confessar, adorar e agradecer a Deus – apenas por desfrutar da presença dele – fazem parte de uma oração tanto quanto pedir por uma necessidade própria ou interceder por outros.

A oração não é um grupo de palavras mágicas que você usa para conseguir o que quer. Não se baseia no que você sente. Você não é julgado pela quantidade de tempo que ora ou por quão alto o faz, ou se usa as palavras certas. Quando ora com fé, com simplicidade e sinceridade, cada oração é um momento poderoso no Espírito de Deus.

Conectando-se

Orações poderosas começam a partir de uma conexão. Suponha, por exemplo, que você quer colocar sua música favorita no seu rádio. Você conecta o seu rádio em

*N.T: Antigos sofás de dois lugares em que um assento ficava virado para um lado e o outro assento para o lado oposto, permitindo que namorados conversassem sem se encostarem.

uma tomada. Com essa conexão, a eletricidade fornece a energia de que você precisa. Mas e se quisesse conectar o seu rádio no tapete? Nada. Simplesmente não funcionaria, pois o tapete não é uma fonte de energia.

Muitas de nós tentam "se conectar" a uma fonte alternativa de energia em nossa vida; fontes como o dinheiro, o prestígio, a adoração a outras coisas – como a cafeína e o chocolate. Mas nenhuma dessas são conexões que trazem vida. Apenas uma fonte pode fazer isso. Para o real, a verdadeira fonte de poder, nos conectamos a Deus. E nós mantemos essa conexão por intermédio da oração, permitindo que seu Espírito Santo fortaleça e energize nossa vida.

Mantendo-se conectada

Apesar de parecer difícil de acreditar, uma vida em oração totalmente diferente – mais poderosa – está ao seu alcance. *O poder da oração para mulheres* irá ajudá-lo a começar. Cada capítulo contém um breve resumo sobre um foco importante de oração – do seu casamento, filhos, amigos, família, suas finanças, medos, ministério e objetivos na vida. Ao final de cada capítulo, você encontrará orações específicas para cada tópico, para serem lidas totalmente ou como "orações iniciais" – uma base onde você adiciona suas próprias palavras enquanto continua orando. E mais importante: cada uma das orações é derivada de uma passagem, então você estará "orando a Palavra", a forma mais poderosa de orar!

Orar a Palavra de Deus é poderoso!

Em *O poder da oração para mulheres*, você irá descobrir o poder da Palavra de Deus, o poder do perdão, o poder da adoração e o poder da fé. Cada capítulo irá apresentá-la a um aspecto diferente do poder de Deus – e você será estimulada e fortalecida.

O poder da oração para mulheres é sobre a conexão com Deus, crescer nele e ser transformada. Você está pronta para energizar suas orações? Vamos começar e iluminar o resto de sua vida!

Senhor, anseio por estar mais conectada a ti. Ensina-me a adorar-te como a verdadeira fonte de força e amor. Adoro-te como a ninguém mais. Ensina-me a orar. Transforme-me, Senhor. Transforme-me para que minhas orações sejam poderosas e para que minha vida seja frutífera. E que tudo que eu faça traga glória para teu nome. Em nome de Jesus, amém.

Minha bíblia

O poder da palavra de Deus

Pois tudo o que foi escrito no passado, foi escrito para nos ensinar, de forma que, por meio da perseverança e do bom ânimo procedentes das Escrituras, mantenhamos a nossa esperança.

Romanos 15:4

Aventura, perigo, romance – apenas alguns temas das histórias do livro mais vendido de todos os tempos. Sem dúvida, bilhões de cópias foram impressas e distribuídas.

Ao contrário dos contos de fadas, esse livro é baseado em fatos reais e inicia com "No princípio". Nele você aprende sobre reis e conquistadores, amor e perda, rebelião e redenção. Vire as páginas e fique sabendo de onde veio, porque está aqui e para onde vai. Descobrirá como lidar com dinheiro e como ter relacionamentos melhores. E o mais importante: poderá aprender como é Deus e como você pode viver com ele para sempre.

Que livro surpreendente é esse? A Bíblia. Essa compilação de 66 livros é a história real sobre o amor de Deus por todas as pessoas, inclusive por você e por mim. É a explicação sobre um livramento prometido e sobre a liberdade daqueles que obedecem.

"Toda a Escritura", de acordo com 2 Timóteo 3:16,17, "é inspirada por Deus e útil para o ensino, para a repreensão, para a correção e para a instrução na justiça, para que o homem de Deus seja apto e plenamente preparado para toda boa obra." A Bíblia, para o cristão, é o manual de instruções para a vida.

A Bíblia é sagrada e venerada – pois é revigorante e poderosa. Apesar da oposição da cultura moderna, a Palavra de Deus se mantém forte, proporcionando a verdade em uma época de relatividade, luz durante a decepção e depressão, alívio para o desafio de viver diariamente. A Escritura dá coragem, nos condena por transgressões e nos ensina a viver em perdão, amor e vitória.

O poder da Palavra de Deus está acessível para você diariamente. Você precisa mudar um mau hábito ou um vício? Precisa mudar sua atitude ou amar seu marido ou ter mais paciência com seus filhos? Talvez procure por uma nova perspectiva ou por uma cura para seu corpo ou para um coração partido. Você poderia utilizar mais alegria e menos estresse na sua vida? A Bíblia oferece cura e conforto, verdade e perspectiva e o poder de transformar vidas. Em outras palavras, ela dá o poder de viver a cada dia e de ter esperanças para o futuro.

O poder para uma vida sobrenatural vem quando ingerimos a Palavra de Deus, nos alimentando dela como se estivéssemos nos alimentando de uma refeição deliciosa. Deixe-a nutrir você como comida espiritual. Reflita nela, medite nela, fale e ore alto em seus momentos de oração com o Senhor. Memorize versos-chave, para que você os tenha quando precisar de conforto e força. Jesus disse: "Se vocês me amam, obedecerão aos meus mandamentos" (João 14:15).

Como uma pedra que é jogada em um lago, o efeito de onda de uma resposta obediente e amável à Palavra de Deus pode ir muito além do que você jamais imaginou – sua própria vida, sua família, sua comunidade, sua nação e seu mundo.

A Palavra de Deus é verdade

Disse Jesus aos judeus que haviam crido nele: "Se vocês permanecerem firmes na minha palavra, verdadeiramente serão meus discípulos. E conhecerão a verdade, e a verdade os libertará."

JOÃO 8:31,32

Obrigada, Senhor, pois Tua Palavra é verdade. Às vezes é difícil discernir uma verdade de uma mentira, ou das meias verdades que me bombardeiam diariamente através da televisão, do rádio, das revistas e da cultura popular. Quero saber a verdade e vivê-la. Ajude-me a olhar para Tua Palavra imutável e sólida, e não para este mundo, através de meu manual de instruções da vida. Agradeço a ti, pois nunca vais me deixar perdida, pois nunca irás mentir para mim e porque sempre manténs tuas promessas.

Luz para a compreensão

A tua palavra é lâmpada que ilumina os meus passos e luz que clareia o meu caminho.

SALMO 119:105

Senhor, Tua Palavra é a lâmpada em minha escuridão – uma lanterna sobre a trilha da vida que me ajuda a enxergar o caminho. Tuas Palavras me iluminam com sabedoria, entendimento e esperança, mesmo quando não consigo ver para onde estou indo ou como as coisas irão terminar. Estou tão feliz que saibas a direção certa. Trilhaste antes de mim e estás sempre comigo, por isso não preciso temer. Escolho seguir a tua luz.

Refresco espiritual

Escutem, ó céus, e eu falarei; ouça, ó terra, as palavras da minha boca. Que o meu ensino caia como chuva e as minhas palavras desçam como orvalho, como chuva branda sobre o pasto novo, como garoa sobre tenras plantas. Proclamarei o nome do Senhor. Louvem a grandeza do nosso Deus!

DEUTERONÔMIO 32:1-3

Senhor, agradeço por Tuas Palavras, pois elas falam para o meu coração e para as minhas necessidades. Anseio em mergulhar em teus ensinamentos e aprender mais sobre ti. Tuas mensagens revigorantes são como pingos de chuva em um gramado novo. Não preciso de apenas um borrifar, mas de um aguaceiro – uma chuva que encharque meu coração seco! Apesar de a vida ser desafiadora, irei proclamar o nome do Senhor e irei louvar a grandiosidade do nosso Deus!

Pão revigorante

Jesus respondeu: "Está escrito: 'Nem só de pão viverá o homem, mas de toda palavra que procede da boca de Deus.'"

MATEUS 4:4

Tua Palavra é minha nutrição diária, Senhor. Obrigada pelo Pão da Vida que provês a cada dia. Aquelas Palavras alimentam e nutrem minha alma da mesma forma que o pão me enche e proporciona a nutrição de que preciso para viver. Sem Tuas Palavras irei desvanecer e morrer espiritualmente. Com elas estou vibrante, energizada e viva! Seja a minha porção, Senhor, enquanto procuro. E não apenas tuas mãos e o que dás, mas também o teu rosto, Senhor. Desejo saber quem realmente és.

Esperança inabalável

Espero no Senhor com todo o meu ser, e na sua palavra ponho a minha esperança.

SALMO 130:5

Senhor, por tantas vezes me sinto tentada a achar que pessoas ou objetos irão me satisfazer. Mas frequentemente eles me deixam vazia e irrealizada. Ajude-me a lembrar que tu és a fonte da minha esperança – não um homem, ou um emprego melhor, ou uma assadeira de brownies. Todas essas coisas são boas, mas elas nunca irão me satisfazer plenamente como tu fazes. Perdoe-me por minha esperança mal colocada. Ajude-me a voltar a minha confiança para ti e para o teu amor seguro, inabalável e infalível.

A Palavra de Deus é poderosa

Pois a palavra de Deus é viva e eficaz, e mais afiada que qualquer espada de dois gumes; ela penetra até o ponto de dividir alma e espírito, juntas e medulas, e julga os pensamentos e intenções do coração.

HEBREUS 4:12

Obrigada por Tuas Palavras revigorantes, que revelam a verdadeira condição do meu coração. Não posso esconder nada de ti, pois já sabes de tudo. Mas com a tua convicção vem o arrependimento e o perdão. Tu me aceitas como sou e me dá a graça e a força para fazer com que as mudanças em minha vida sejam reais e duradouras. A Palavra de Deus está viva e ativa. É por isso que tem tanto poder. Dou para ti meus pensamentos e minhas atitudes e peço por cura.

Equipado pelo trabalho de Deus

Toda a Escritura é inspirada por Deus e útil para o ensino, para a repreensão, para a correção e para a instrução na justiça, para que o homem de Deus seja apto e plenamente preparado para toda boa obra.

2 TIMÓTEO 3:16,17

Senhor, quero estar preparada para viver esta vida como uma seguidora de Cristo. Tu sussurraste tua vida nas Palavras e os homens as colocaram no pergaminho – que agora são as palavras da Bíblia que leio. Ensina-me, Senhor. Ajude-me a aceitar a tua reprimenda quando precisar dela. Corrija-me e me treine justamente para que eu possa estar pronta para qualquer coisa que a vida guarde para mim hoje.

O caminho para a vida eterna

Porque desde criança você conhece as Sagradas Letras, que são capazes de torná-lo sábio para a salvação mediante a fé em Cristo Jesus.

2 TIMÓTEO 3:15

Senhor, te agradeço pelos sinais que provestes na Tua Palavra – sobre tua direção no céu. A Bíblia me ajuda a ser "sábia para a salvação mediante a fé em Cristo Jesus." Que privilégio é te conhecer através das leituras sobre teu filho. Ele me revela o que o amor é de verdade e me aceita do jeito que sou. Tu és o caminho, a verdade e a vida, e eu escolho te seguir.

Sabedoria e interpretação

Procure apresentar-se a Deus aprovado, como obreiro que não tem do que se envergonhar e que maneja corretamente a palavra da verdade.

2 Timóteo 2:15

Senhor, eu sou tua aluna. Ensina-me a ler a Tua Palavra, meditar sobre ela e aplicá-la em minha vida. Dê-me fome de passar tempo contigo – e sabedoria quando ensinar a Tua Palavra para outras pessoas. Quero ser uma pessoa que lida corretamente com as Palavras da Verdade. Peço que o Espírito Santo me ilumine e me dê a compreensão de que preciso viver corretamente e trazer glória para teu nome.

Ressuscita-me!

A lei do Senhor é perfeita, e revigora a alma. Os testemunhos do Senhor são dignos de confiança, e tornam sábios os inexperientes.

Salmo 19:7

Senhor, às vezes a vida fica tão maluca. Fico tão cansada e estressada de trabalhar tão duro no meu emprego – seja em casa ou fora. Quero expor-me à tua presença e encontrar descanso. Ressuscita minha alma com a Tua Palavra. Imerge minha vida em tua verdade revigorante, trazendo luz aos cantos escuros, para que eu possa irradiar Jesus em meu canto no mundo.

Dê-me alegria

> *Os preceitos do Senhor são justos, e dão alegria ao coração. Os mandamentos do Senhor são límpidos, e trazem luz aos olhos.*
>
> SALMO 19:8

Senhor, Tuas Palavras são corretas e verdadeiras, trazem alegria ao meu coração. Preciso de mais alegria em minha vida. A alegria vai e vem, mas o contentamento é profundo e duradouro. Este mundo pode tirar tanto de mim com as preocupações do dia, a pressão do meu trabalho e os compromissos que assumi. Preciso da tua alegria verdadeira, apesar das minhas circunstâncias e dos meus sentimentos. Que teus mandamentos me iluminem para que eu possa cantar teus louvores e possa viver revitalizada a cada dia. Obrigada a ti por tua alegria, Senhor.

Conhecendo a Vontade de Deus

Por essa razão, desde o dia em que o ouvimos, não deixamos de orar por vocês e de pedir que sejam cheios do pleno conhecimento da vontade de Deus, com toda a sabedoria e entendimento espiritual.

COLOSSENSSES 1:9

Senhor, eu quero conhecer a sua vontade para a minha vida. Ilumine-me com sabedoria, discernimento e compreensão. Eu preciso saber quando devo ficar e quando devo ir embora, quando falar e quando calar. Preencha-me com o conhecimento do seu melhor para mim – agora e no futuro. Enquanto procuro segui-lo, ajude-me a aceitar as suas respostas com obediência e alegria.

Sejam praticantes da Palavra

Sejam praticantes da palavra, e não apenas ouvintes, enganando-se a si mesmos. Aquele que ouve a palavra, mas não a põe em prática, é semelhante a um homem que olha a sua face num espelho e, depois de olhar para si mesmo, sai e logo esquece a sua aparência. Mas o homem que observa atentamente a lei perfeita, que traz a liberdade, e persevera na prática dessa lei, não esquecendo o que ouviu, mas praticando-o, será feliz naquilo que fizer.

TIAGO 1:22-25

Senhor, quero ser uma mulher de ação. Não quero apenas ouvir e ler a Bíblia; quero praticar o que ela diz. Quero viver o que acredito! Ajude-me a não ser enganada ou esquecer o que meus olhos acabaram de ler. Procuro a Bíblia pela verdade e liberdade, para que eu possa viver com amor e vitória a vida abundante que tu me prometeste para todos os que acreditam. Olho a tua palavra e peço suas bênçãos.

Decore a Palavra

Guardei no coração a tua palavra para não pecar contra ti.

SALMO 119:11

Senhor, agradeço a ti pelas Tuas Palavras que trazem vida e cura. Elas me confortam e me dão força quando preciso. Quero esconder a Palavra em meu coração para que eu não peque contra ti, para que possa viver em abundância e para que possa te favorecer e te conhecer melhor. Ajude-me a ter a Tua Palavra na ponta da língua e no meu coração quando precisar dela. Que eu esteja sempre pronta para falar a verdade no amor.

Minha salvação

O poder da graça e do perdão

Pois Deus enviou o seu Filho ao mundo, não para condenar o mundo, mas para que este fosse salvo por meio dele.

João 3:17

Meu avô era carpinteiro. Ele construiu a primeira casa em que morei quando criança. Eu tinha apenas quatro anos de idade, mas ainda lembro quando os trabalhadores colocaram os primeiros blocos cinzentos na base, levantaram as toras de madeira, terminaram o telhado e completaram o paisagismo. Eu estava fascinada com o processo de construção, em como um campo vazio estava se transformando em um lugar que, dentro em breve, se chamaria "lar".

Sempre me interessei por origens. Saber como as coisas começaram nos fornece perspicácia e perspectiva, uma estrutura de referência. A fonte do poder em *O poder da oração para mulheres* é uma conexão com a origem da vida e do poder – é uma conexão com Deus através de um relacionamento com o filho dele, Jesus Cristo. Felizmente, qualquer um pode encontrar essa conexão. Tudo começa com uma simples oração.

Muitas pessoas dizem saber sobre Deus, mas nunca tiram um tempo para conhecê-lo pessoalmente. Elas são, como o autor Max Lucado diz, "próximas da cruz – mas distantes de Cristo".[1] Algumas erroneamente pensam que irão conquistar seu caminho para o céu por meio de bons empregos, dinheiro ou status. Mas, não importa o quanto tente, você não chegará aos céus através de seus próprios méritos. A salvação é um presente de Deus, um presente que cada um deve receber por si mesmo. Como é dito em Efésios 2:8,9: "Pois vocês são salvos pela graça, por meio da fé, e isto não vem de vocês, é dom de Deus; não por obras, para que ninguém se glorie."

No final das contas, cada um de nós precisa decidir sobre Deus. Em Defesa da Fé, o ex-ateu Lee Strobel se pergunta: "Eu queria conhecer Deus pessoalmente – para ser libertado da culpa, para viver da forma que fui designado para viver, para perseguir os propósitos dele para a minha vida, para ter a força dele em meu dia a dia, para conversar com ele nesta vida e durante a eternidade ao lado dele? Se sim, havia muitas evidências para basear uma decisão racional em dizer 'sim' para ele. Cabia somente a mim – da mesma forma que cabe a você."[2]

Quando você conhece Jesus dessa forma mais profunda, aprende o poder avassalador do amor incondicional e da aceitação, um conhecimento que leva à transformação. Experimentei isso pessoalmente e já vi em outras pessoas. Perdão, transformação e vidas mudadas são os frutos da redenção.

Romanos 10:9 afirma: "Se você confessar com a sua boca que Jesus é Senhor e crer em seu coração que Deus o ressuscitou dentre os mortos, será salvo." Se você nunca orou para receber Cristo em sua vida, existe uma oração muito útil que pode usar. Se você já é uma seguidora de Cristo, tire um momento para agradecer a Deus pelo presente de sua salvação.

Orar para receber Jesus em sua vida é o pré-requisito para uma vida cristã poderosa. Em conexão com o poder de Deus, sua vida de orações – e toda a sua vida – será inflamada e energizada.

Oração para a salvação

> *Se você confessar com a sua boca que Jesus é Senhor e crer em seu coração que Deus o ressuscitou dentre os mortos, será salvo.*
>
> ROMANOS 10:9

Senhor, humildemente te reverencio agora e confesso meus pecados para ti. Desculpe-me por todos os meus malfeitos, peço por teu perdão. Acredito que Jesus é o filho de Deus e que ele morreu em uma cruz e ressuscitou dos mortos. Ele conquistou a morte para que eu possa realmente viver – com força e propósito aqui na Terra e para sempre com ele no céu. Escolho a ti. Por favor, seja meu salvador e senhor.

Obrigada por me salvar

Graças a Deus por seu dom indescritível!

2 CORÍNTIOS 9:15

Senhor, te agradeço pela minha salvação. Agradeço-te pelo indescritível presente da vida eterna e pela força para fazer tua vontade hoje. Mal posso compreender como sofreste, ainda assim fizeste tudo por mim – por cada pessoa neste planeta. Rechaçado e surrado, sangraste pelos meus pecados. Tu foste vitorioso contra a morte para que eu pudesse viver. Tu abriste o caminho para mim, e sou eternamente grata. Obrigada, Senhor.

Um novo começo

Portanto, se alguém está em Cristo, é nova criação. As coisas antigas já passaram; eis que surgiram coisas novas!

2 CORÍNTIOS 5:17

Senhor, agora que sou devota de corpo e alma ao senhor, sou uma nova criação. Obrigada por ter arrastado de mim minha antiga forma de pensar e de me comportar, e por ter me dado forças para viver uma nova vida. O teu amor me transforma! Ajude-me a viver essa nova vida com sabedoria, tomando as decisões certas. Dê-me a coragem para amar da forma que tu amas. Ensina-me teus modos enquanto traçamos juntos esse caminho para os céus... para casa.

Graça por si só

> *Pois vocês são salvos pela graça, por meio da fé, e isto não vem de vocês, é dom de Deus; não por obras, para que ninguém se glorie.*
>
> EFÉSIOS 2:8,9

Senhor, tu me deste os melhores presentes! Recebi o presente da salvação, sabendo que é pela graça que fui salva, através da fé. Não fiz nada para merecer ou receber. Sei que meus trabalhos não me salvaram, pois se o fizessem então eu iria me gabar. Ao invés disso, tu me salvaste pela graça para que eu pudesse agora fazer boas ações – coisas que tu preparaste anteriormente para que eu fizesse – para trazer glória para teu nome.

Só Jesus salva

> *Não há salvação em nenhum outro, pois debaixo do céu não há nenhum outro nome dado aos homens pelo qual devamos ser salvos.*
>
> ATOS 4:12

Senhor, a Tua Palavra diz que a salvação não é encontrada em nenhum outro a não ser em Jesus Cristo, o filho de Deus. Apenas o nome dele tem o poder de salvar. Nossa sociedade gosta de propor ideias alternativas e tenta me convencer de que posso encontrar a vida de outras formas – comprando mais ou namorando ou me vestindo de determinada maneira. Não é verdade! Escolho acreditar em Jesus, não em outros deuses, não em outras filosofias religiosas, não no materialismo. Obrigada pelo teu poder de salvar.

Vida energizada

> *Por seu poder, Deus ressuscitou o Senhor e também nos ressuscitará.*
>
> 1 CORÍNTIOS 6:14

Senhor, estou realmente maravilhada com o teu enorme poder. Pelo poder de Deus, Jesus voltou dos mortos. E tu irás me ressuscitar também. Tu tiras meu espírito da tristeza para a alegria. Tu me dás energia quando meus filhos me deixam esgotada. Tu me ajudas a encontrar recursos quando meu carro precisa de reparos. Tu me dás amigos para me encorajarem e para que eu possa compartilhar minha vida. Tu curas corpos e relacionamentos partidos. Obrigada pela força para viver esta vida todos os dias.

Perdoado

Todos os profetas dão testemunho dele, de que todo o que nele crê recebe o perdão dos pecados mediante o seu nome.

ATOS 10:43

Senhor, estou agradecida pelo teu perdão. É o teu nome, o nome de Jesus, que abriga nossos pecados quando acreditamos em ti. Enquanto recebemos teu perdão, me dê forças para ter misericórdia de outras pessoas. Agradeço a ti por estar perdoada e livre. Por favor, me ajude a perdoar os outros quando me magoarem, sabendo que tu és aquele que trazes a justiça. E, por favor, me dê o poder de me perdoar também.

Relacionamento restaurado

Sabemos que ninguém é justificado pela prática da Lei, mas mediante a fé em Jesus Cristo. Assim, nós também cremos em Cristo Jesus para sermos justificados pela fé em Cristo, e não pela prática da Lei, porque pela prática da Lei ninguém será justificado.

GÁLATAS 2:16

Senhor, tu sabes como é doloroso quando as coisas não estão bem entre amigos. Anseio por relacionamentos conectados, nos quais as pessoas vivem em paz e harmonia e não há ressentimento entre elas. Que alegria é saber que sou justificada pela fé. Nós podemos no comunicar livremente, falando e ouvindo, curtindo um ao outro como amigos de coração. Quero viver em um relacionamento crescente de amor contigo. Obrigada pela restauração e pela justiça.

A Presença de Deus

"A virgem ficará grávida e dará à luz um filho, e lhe chamarão Emanuel", que significa "Deus conosco".

MATEUS 1:23

Senhor, eu agradeço por você ter enviado seu filho, Deus conosco, Emanuel. Nascido de uma virgem, você veio e nos mostrou a verdade que nos salvou. Você escolheu doze discípulos que lhe seguiram e aprenderam a forma para se viver plenamente. Você curou os enfermos; você deu visão para os cegos. Você foi conhecido pelos seus milagres e seu amor radical a todas as pessoas. Obrigada pela sua presença e por viver em mim hoje.

Amar e obedecer

Respondeu Jesus: "Se alguém me ama, obedecerá à minha palavra. Meu Pai o amará, nós viremos a ele e faremos morada nele."

JOÃO 14:23

Senhor, eu amo a ti. E por causa disso, escolho te obedecer. Ensine-me teus caminhos enquanto fazes tua casa em mim. Limpe meus armários de egoísmo e lave os pensamentos negativos de minha mente. Mude minhas maneiras erradas de pensar – sobre mim mesma e sobre os outros – para que eu possa ser um raio de esperança e luz. Ajude-me a te conhecer melhor... a ser uma praticante da Palavra, não apenas uma ouvinte... para viver o que acredito.

Não se envergonhe

> *Não me envergonho do evangelho, porque é o poder de Deus para a salvação de todo aquele que crê: primeiro do judeu, depois do grego.*
>
> ROMANOS 1:16

Senhor, não me envergonho do Evangelho. Tuas Palavras têm o poder de trazer salvação para qualquer pessoa que acredite nelas. Não quero esconder a luz da verdade, mas, ao invés disso, deixar que ela brilhe em minha vida para que os outros vejam Cristo em mim. Quando as pessoas me perguntarem sobre a fonte de minha alegria, me dê as Palavras para dividir com elas, para que elas também saibam. Ajude-me a trazer glória para ti enquanto me mantiver com coragem e força na verdade.

Vamos crescer

Como crianças recém-nascidas, desejem de coração o leite espiritual puro, para que por meio dele cresçam para a salvação.

1 PEDRO 2:2

Senhor, quero crescer espiritualmente. Quero fazer a transição de um recém-nascido que apenas bebe leite para um cristão que anseia pela "carne" de coisas mais profundas. Quero ir de conhecimento adquirido para a franca experiência contigo. Quero saber o que significa gozar da tua presença, não apenas pedir. Passo a passo e dia a dia, me ensine a seguir e aprender teus modos.

Irei te seguir

Jesus dizia a todos: "Se alguém quiser acompanhar-me, negue-se a si mesmo, tome diariamente a sua cruz e siga-me. Pois quem quiser salvar a sua vida, a perderá; mas quem perder a sua vida por minha causa, este a salvará."

LUCAS 9:23,24

Senhor, estou aqui diante de ti. Estou pronta para "tomar minha cruz" e te seguir. Quero estar contigo todo dia, fortalecida por ti, e tão profundamente amada e transformada. Mostre-me o que significa perder minha vida para que possa salvá-la. Ensine-me sobre rendição. Conhecer a ti me engrandece para fazer teus bons propósitos. Transforme-me, Senhor. Ensine-me a te seguir.

Palavras de vida

> *Simão Pedro lhe respondeu: "Senhor, para quem iremos? Tu tens as palavras da vida eterna."*
>
> JOÃO 6:68

Senhor, tu tens as palavras da vida eterna que nos permitem atravessar da morte para a vida, da escravidão para a liberdade e da miséria para a paz. Palavras podem, por vezes, magoar muito; mas Tuas Palavras trazem a luz, a esperança e a cura. Tu não vieste para me condenar, mas para me salvar e libertar da morte. Preencha-me com as Tuas Palavras de vida e esperança para que eu possa usá-las para encorajar outras pessoas.

Minhas emoções

O poder da mente renovada

[...] transformem-se pela renovação da sua mente [...]

Romanos 12:2

Lindy tem uma carreira de sucesso prestando serviços financeiros. Depois de sua jornada semanal de 60 horas, ela raramente tem a energia para iniciar uma amizade. Ao invés disso, Lindy chega tarde em casa, coloca comida congelada no micro-ondas, liga a televisão e afunda no sofá até a hora de dormir. Enquanto é agradável e competente no escritório, Lindy é solitária e isolada nos outros aspectos de sua vida.

Erin está com raiva, embora ela não queira que ninguém saiba disso. As suas duas filhas adolescentes – que foram uma vez suas doces e despreocupadas menininhas – são desobedientes e desrespeitosas. Elas gostam de sair para a balada todas as noites, mesmo em dia de aula, e Erin se sente incapaz de fazê-las parar. Ela quer que seus amigos pensem que ela é uma mãe capaz, então esconde suas emoções com um sorriso imutável. Como um pato planando sobre a água, ela parece calma por fora – mas, na realidade, está patinhando enlouquecidamente para se manter flutuando. Erin quer gritar: "Será que ninguém sabe como estou sofrendo?" Mas, ao invés disso, quando alguém pergunta como ela está, responde alegremente: "Ah, estou bem!"

As emoções são parte normal da vida. Como seres humanos, cada um de nós tem um amplo espectro de emoções – amor, alegria, prazer, paz, desapontamento, perda, luto, dúvida, compaixão, tristeza, depressão, inveja, raiva, amargura, culpa e muitas outras. Nós ficamos felizes quando um amigo vem nos visitar, ficamos tristes quando nosso cão morre e ficamos frustrados quando não conseguimos perder peso.

Pela Bíblia, mulheres e homens – até mesmo Jesus – demonstram uma variedade de emoções. Imagino que Adão e Eva estavam extremamente felizes no Jardim do Éden. A mulher que foi pega em adultério e empurrada em direção a uma multidão raivosa deve ter se sentido humilhada. Maria, a virgem mãe de Jesus, estava com medo quando descobriu que estava grávida, e então ficou feliz ao descobrir que as novidades eram verdadeiras – ela iria dar à luz ao salvador do mundo! Davi temeu por sua vida enquanto Saulo o perseguia com intenção de matar. E Jesus se sentiu sozinho, perdido a ponto de suar sangue, enquanto orava para que sua vida fosse poupada.

Emoções, sejam positivas ou negativas, podem ser poderosas – e, por vezes, até mesmo esmagadoras. Administrar essas emoções faz parte da maturidade. Quando nossas emoções não são processadas de forma sadia, podem ficar engasgadas como um ralo entupido. A ajuda vem e rendemos nossos sentimentos àquela que tem o poder de explodir nossa congestão emocional.

A oração é essencial para administrar as emoções. De fato, ela nos transforma. Orar com força por essa área de nossa vida pode começar pela oração de 2 Coríntios 10:5, pedindo a Deus para nos ajudar a levar "cativo todo pensamento, para torná-lo obediente a Cristo." Para mudar como nos sentimos, precisamos ajustar a forma de pensarmos. Quando alteramos a maneira que vemos nossa situação, podemos mudar a forma que respondemos a ela – com sabedoria, ao invés de com atitudes impulsivas que possam fazer com que nos arrependamos mais tarde.

Com a ajuda de Deus, podemos passar tanto pelos vales quanto pelas vitórias da vida.

Deus e emoções

> ***O Senhor é muito paciente e grande em fidelidade, e perdoa a iniquidade e a rebelião.***
>
> NÚMEROS 14:18

Senhor, tu és tão abençoado que nos deu uma grande variedade de emoções para que possamos nos expressar. Ajude-me a ser mais parecida contigo – difícil de sentir com raiva e abundante em amor. Ajude-me a ser uma mulher que perdoa. Oro por mais discernimento, para que, independentemente do que atravessar meu caminho, eu possa ter a graça de pensar, falar e agir com uma boa e sagrada atitude.

Renovando sua mente

> *Não se amoldem ao padrão deste mundo, mas transformem-se pela renovação da sua mente, para que sejam capazes de experimentar e comprovar a boa, agradável e perfeita vontade de Deus.*
>
> ROMANOS 12:2

Senhor, às vezes sinto que minhas emoções precisam de uma transformação. Renove-me – transforme-me para que eu possa ser balanceada e saudável em minhas emoções. Peço pelo teu poder para mudar. Não quero ser da forma que fui. Quero ser sábia e gozar de um pensamento ajuizado. Quero tomar boas decisões na forma de me expressar por meio de palavras e ações. Ajude-me a conhecer tua vontade e a ter a mente renovada.

Alegria

Então a nossa boca encheu-se de riso, e a nossa língua de cantos de alegria.

SALMO 126:2

Senhor, obrigada pelo dom do riso! Agradeço-te pela alegria que trazes para minha vida, pelo sorriso de uma criança, pelo sabor de um pêssego delicioso, pelo conforto de um banho quente e de uma boa noite de sono. Ajude-me a lembrar isso quando estiver "olhando" para ti, Senhor; eu posso ter uma visão mais otimista e ser uma pessoa mais positiva. Mantenha meus olhos em ti, não em mim e em minhas circunstâncias, para que eu possa viver com um coração mais leve e mais cheio de alegrias.

Segurança

Não terá medo da calamidade repentina nem da ruína que atinge os ímpios, pois o Senhor será a sua segurança e o impedirá de cair em armadilha.

PROVÉRBIOS 3:25,26

Senhor, quero ser uma mulher mais segura. Não quero ter medo de desastres, ou apenas de cometer erros. Dê-me a coragem para saber que tu, senhor, serás minha segurança. Tu me manténs longe de tropeçar em minhas palavras e dizer a coisa errada. Mas mesmo quando o faço, tu tens o poder de fazer com que as coisas se ajeitem novamente. Obrigada pela segurança que tu me dás. Deixe-me andar com a cabeça erguida porque sei quem sou em Cristo: sou tua!

Compaixão

> *Sejam bondosos e compassivos uns para com os outros, perdoando-se mutuamente, assim como Deus os perdoou em Cristo.*
>
> EFÉSIOS 4:32

Senhor, tua compaixão pelas pessoas é enorme. Tu curaste os cegos e guiaste pessoas que estavam perdidas como ovelhas sem um pastor. Crie em mim um coração compassivo – amplie minha visão para que eu possa ver e ajudar os pobres, os enfermos, as pessoas que não te conhecem e aquelas cujas preocupações tu colocas em meu coração. Ajude-me a nunca estar tão ocupada ou centrada em mim mesma a ponto de não prestar atenção em minha família e meus amigos, que podem, porventura, necessitar de minha ajuda.

Precisando de estímulo

> *Que o próprio Senhor Jesus Cristo e Deus nosso Pai, que nos amou e nos deu eterna consolação e boa esperança pela graça, deem ânimo ao coração de vocês e os fortaleçam para fazerem sempre o bem, tanto em atos como em palavras.*
>
> 2 TESSALONICENSES 2:16,17

Senhor, preciso de estímulo. Tu poderias, por favor, inspirar meu coração e me fortalecer em todas as outras coisas que faço e digo? Preciso de tua verdade para elevar meu espírito e ajudar a me elevar. Deixe-me ser como uma águia que plana com o vento. Dê-me a coragem e a energia de que preciso para continuar vivendo mesmo quando estou deprimida.

Estresse

Entregue suas preocupações ao Senhor, e ele o susterá; jamais permitirá que o justo venha a cair.

SALMO 55:22

Senhor, não aguento nem mais um dia dessa agitação da vida – o trânsito, as crianças chorando, a quantidade de trabalho que tenho no escritório e todo o resto com que tenho que lidar. Algumas vezes, tudo isso parece ser demais para aguentar! Ajude-me a expirar minhas preocupações, lançando-as como se lança uma linha de pesca. Mas não me deixe puxá-las de volta! Aqui está meu coração esgotado e ansioso. Que seus oceanos de amor e poder me abasteçam, me dando a energia de que preciso para fazer o que tu queres que eu faça a cada dia.

Solidão

E eu estarei sempre com vocês, até o fim dos tempos.

MATEUS 28:20

Senhor, te agradeço por ser minha verdadeira companhia – por eu nunca estar sozinha. Tu destinaste anjos para olharem por mim e me protegerem. Tu me deste teu Espírito Santo e me prometeste que estarias comigo sempre, mesmo no final dos tempos. Que privilégio tu me chamares de tua amiga. Enquanto viajamos por essa estrada da vida juntos, em calçadas de cidades, estradas do subúrbio ou caminhos de terra, gozo da tua presença, Senhor. Ajude-me a nunca esquecer a tua presença.

Raiva

Livrem-se de toda amargura, indignação e ira, gritaria e calúnia, bem como de toda maldade.

EFÉSIOS 4:31

Senhor, estou com tanta raiva! Estou com raiva e preciso da tua ajuda. Por que as coisas têm que dar tão errado? Tenho que fazer alguma coisa com essa emoção acalorada – e escolho te dar minha raiva e minha amargura, Senhor. Ajude-me a me livrar delas. Redima a confusão e traga a paz para o que parece estar tão fora de controle. Liberte-me do ressentimento e da culpa. Mostre-me a minha parte nesse conflito enquanto falas ao coração do meu adversário. Preciso da tua cura e de paz, Senhor.

Curando a culpa e a vergonha

> *Pois dia e noite a tua mão pesava sobre mim; minhas forças foram-se esgotando como em tempo de seca. Pausa. Então reconheci diante de ti o meu pecado e não encobri as minhas culpas. Eu disse: Confessarei as minhas transgressões ao Senhor, e tu perdoaste a culpa do meu pecado. Pausa. Portanto, que todos os que são fiéis orem a ti enquanto podes ser encontrado; quando as muitas águas se levantarem, elas não os atingirão.*
>
> SALMO 32:4-6

Senhor, minha vergonha me faz ter vontade de me esconder. Mas não posso mais me esconder na escuridão da minha culpa e do meu pecado. Tu já sabes tudo o que fiz de errado e mesmo assim me trazes para a luz – não para me condenar, nem para que eu admita, mas para me curar. Reconheço meus erros e confesso todos eles para ti, Senhor. Coloco-me em teu perdão enquanto as águas límpidas do teu amor gentil me banham, lavando de mim minha culpa e minha vergonha.

Tristeza

Por que você está assim tão triste, ó minha alma? Por que está assim tão perturbada dentro de mim? Ponha a sua esperança em Deus! Pois ainda o louvarei.

SALMO 42:5

Senhor, me sinto tão triste hoje. Tu vês minhas lágrimas? Em minha tristeza, ajude-me a lembrar que, mesmo quando estou para baixo, posso escolher voltar minhas esperanças para ti. Ao invés de me dizer mentiras que me deixam ainda mais desesperada, posso me voltar para a tua verdade. Lembre-me das coisas boas que fizeste no passado. Escolho te adorar. Tu és meu salvador e meu Deus. Que o teu amor me conforte agora.

Depressão

Ele me tirou de um poço de destruição, de um atoleiro de lama; pôs os meus pés sobre uma rocha e firmou-me num local seguro. Pôs um novo cântico na minha boca, um hino de louvor ao nosso Deus. Muitos verão isso e temerão, e confiarão no Senhor.

SALMO 40:2,3

Senhor, tu poderias trocar a música em minha vida de um tom baixo e triste para um tom mais alto, cheio de alegria? Dê-me uma nova música para cantar, uma música mais feliz! Para mim é maravilhoso saber que não há confusão grande demais que tu não possas resolver, nenhuma vida que esteja despedaçada demais que não possas restaurar e nenhuma perda grande demais que não possas redimir. Enquanto me tiras da escuridão do meu fosso enlameado, me tirando da lama da minha depressão para um solo emocional sólido, irei louvar a ti.

Esperança para a confusão

> *Mas agora, Senhor, que hei de esperar? Minha esperança está em ti.*
>
> SALMO 39:7

Senhor, estou tão confusa! Não sei o que fazer – e preciso da tua sabedoria. Sei que tu és um Deus que se delicia na clareza e na ordem, não no caos e na confusão. Guie-me para que eu haja corretamente; mostre-me quando falar e quando calar, quando me mexer e quando parar. Não sei o que fazer, mas tu certamente sabes. Enquanto espero pela tua orientação, ajude-me a ouvir e seguir seus passos.

Desobediência insensata

Houve tempo em que nós também éramos insensatos e desobedientes, vivíamos enganados e escravizados por toda espécie de paixões e prazeres. Vivíamos na maldade e na inveja, sendo detestáveis e odiando uns aos outros. Mas quando, da parte de Deus, nosso Salvador, se manifestaram a bondade e o amor pelos homens, não por causa de atos de justiça por nós praticados, mas devido à sua misericórdia, ele nos salvou pelo lavar regenerador e renovador do Espírito Santo.

TITO 3:3-5

Senhor, fiz muitas coisas insensatas – e estou arrependida. Não quero ser desobediente. Tomei muitas decisões imprudentes, fui enganada e aprisionada pelas paixões e prazeres do mundo. Perdoe-me. Obrigada por me salvar pela tua misericórdia e por um amor que é tão difícil de penetrar. Algumas vezes tua bondade me deixa atônita – apesar de tudo que fiz de errado, tu me trazes de volta para tua boa vontade. Obrigada a ti, Senhor.

Meu casamento

O poder do amor

O meu amado é meu, e eu sou dele.

Cantares 2:16

O amor é como o fogo: precisa ser alimentado para que possa queimar com avidez. De forma similar, bons casamentos não acontecem simplesmente – eles precisam de atenção. Se deixados de lado, tanto o fogo quanto o casamento irão possivelmente se extinguir, deixando apenas uma pilha de cinzas no lugar do brilho terno.

O casamento é a conexão mais profunda que podemos ter com outro ser humano – e foi a boa ideia de Deus. "Por essa razão, o homem deixará pai e mãe e se unirá à sua mulher, e eles se tornarão uma só carne" (Gênesis 2:24). Com a pessoa que mais amamos no mundo, nós dividimos a companhia e a intimidade. Mas às vezes "o laço" pode desamarrar – e nós precisamos restaurar essa conexão.

O laço emocional da vida de Karen e Don havia sido seriamente cortado. Depois de vinte e seis anos de casamento, os dois haviam chegado a um ponto no qual se "odiavam" – e queriam desistir. Então Karen compareceu a uma reunião da igreja chamada Escudo de Orações para Famílias e percebeu que ela poderia servir a seu marido orando por ele.

Apesar de não sentir vontade, Karen começou a orar por Don – e outras mulheres no grupo oraram com ela. Ao invés de focar nas fraquezas dele, Karen orou por bênçãos e promessas da Palavra de Deus para Don. Ela escolheu demonstrar em suas ações que ela o amava apesar de tudo.

Por mais difícil que fosse, Karen permaneceu doce diante de Deus, nunca calando seu coração em amarguras ou ressentimento. Enquanto ela perseverava obedientemente em oração, o amor por Don foi liberado em seu coração. Hoje, Karen e Don andam juntos novamente como marido e mulher que amam e cuidam um do outro. A oração o mudou e deixou o coração dela mais humilde também.

O poder do amor incondicional, interminável e curativo de Deus pode restaurar o mais duro dos corações. "Lutamos contra as armas inimigas do ódio e da indiferença com as armas de amor do Senhor," diz a autora Claire Cloninger.[3]

Hoje, mais do que nunca, precisamos orar por casamentos saudáveis e intactos. Satã faz hora extra em nossa sociedade, que está de cabeça para baixo, procurando despedaçar casamentos leais e famílias que se amam.

A forma mais certa de manter o "estado de união" das nossas casas forte é intencionalmente semear o poder do amor – reconectando Deus através do poder da oração.

Muitos casais cristãos não percebem o valor de orar juntos. Isso pode nos tornar mais próximos a Deus e um ao outro e pode liberar poder em nossa vida e casamentos. Jesus disse: "Também lhes digo que se dois de vocês concordarem na terra em qualquer assunto sobre o qual pedirem, isso lhes será feito por meu Pai que está nos céus. Pois onde se reunirem dois ou três em meu nome, ali eu estou no meio deles" (Mateus 18:19,20).

Quando Deus é honrado primeiro, o casamento será feliz e pleno.

Senhor, me transforme

> *Sonda-me, ó Deus, e conhece o meu coração; prova-me, e conhece as minhas inquietações. Vê se em minha conduta algo te ofende, e dirige-me pelo caminho eterno.*
>
> SALMO 139:23,24

Senhor, olhe para a minha vida e procure meu coração. Há alguma coisa que ofende em minha conduta? Remova o pecado e o egoísmo. Ajude-me a parar de focar em como meu marido poderia mudar. Senhor, limpe o meu coração primeiro. Não posso mudar mais ninguém, então peço que me mostres o que é preciso sair de minha vida, o que precisa ser mantido e como posso ser correta contigo. Enquanto o fazes, oro por um amor maior e pela cura em nosso casamento.

Amem-se uns aos outros

Sobretudo, amem-se sinceramente uns aos outros, porque o amor perdoa muitíssimos pecados.

1 PEDRO 4:8

Senhor, tu és o autor do amor. Ensine-nos a nos amar profundamente, do fundo do coração. Eu te agradeço pelo amor que meu marido e eu dividimos, pela alegria e pela proximidade. Quando fizermos algo errado, ajude-nos a perdoar, seguir e deixar a ofensa para trás. Eu oro para que nosso amor seja paciente e bondoso e não orgulhoso e egoísta, mas que procure o bem de cada um. Proteja o nosso amor e mantenha nosso casamento sólido enquanto colocamos nossas esperanças e confianças em ti.

Respeitem uns aos outros

Mulheres sujeitem-se cada uma a seu marido, como convém a quem está no Senhor.

COLOSSENSES 3:18

Senhor, peço que meu marido e eu nos valorizemos. Enquanto ele me ama, ajude-me a respeitá-lo. Enquanto eu o valorizo, ajude-o a me estimar. Ensine-nos a dar e receber de forma que seja significativa para cada um de nós. Ajude-nos a ser melhores ouvintes e a procurar entender. Senhor, deixe-nos cada vez mais próximos a ti e um ao outro.

Uma esposa exemplar

> *Uma esposa exemplar; feliz quem a encontrar! É muito mais valiosa que os rubis.*
>
> PROVÉRBIOS 31:10

Senhor, ajude-me a ser uma esposa exemplar. Revele para mim o valor e a estima que colocaste em mim para que eu não tente seguir o que o mundo indica. Quero ser valorosa para meu marido, como uma pedra preciosa. Eu oro que ele tenha total confiança em mim enquanto procuro trazer o bem para ele, não o dano, por todos os dias de minha vida. Vista-me com força e dignidade. Ajude-me a ser fiel e a lidar com a vida com uma atitude positiva, e para falar com sabedoria.

Lide com a raiva

> *Quando vocês ficarem irados, não pequem. Apaziguem a sua ira antes que o sol se ponha.*
>
> EFÉSIOS 4:26

Senhor, quero a tua ajuda ao lidar com a minha raiva, esteja eu simplesmente incomodada ou com um pouco de raiva ou absolutamente furiosa. Quero lidar com esse sentimento de forma saudável. Ajude-me a processar minhas emoções e não deixá-las deteriorarem meu interior. Ajude-me a controlar meu temperamento e falar sobre o que me incomoda de forma mais calma. Mostre-me como dar minha raiva para ti para que eu possa viver em paz com meu marido.

Perdoem-se

Livrem-se de toda amargura, indignação e ira, gritaria e calúnia, bem como de toda maldade.

EFÉSIOS 4:31

Senhor, não sei por que o perdão pode ser tão difícil às vezes. Nós precisamos da tua ajuda para nos livrarmos da amargura e da raiva em nosso casamento. Ajude-nos a levantar um ao outro ao invés de nos colocar para baixo – mesmo quando, mais tarde, parecer que merecíamos. Ensine-nos a graça. Ajude-nos a nos perdoar e a sermos bondosos e compassivos, porque nós sabemos que Cristo perdoou a cada um de nós.

Vive em unidade

Sejam completamente humildes e dóceis, e sejam pacientes, suportando uns aos outros com amor. Façam todo o esforço para conservar a unidade do Espírito pelo vínculo da paz.

EFÉSIOS 4:2,3

Senhor, humildemente peço que nós sejamos unidos e fortes como casal. Que teus laços de paz, honra, respeito e amor nos mantenham juntos tanto nos bons momentos quanto nos de desafio de nossa vida de casados. Enquanto nos tornamos mais conectados a ti, Senhor, ajude-nos a ficar mais próximos um do outro. E nos ajude a viver em alegre harmonia.

Viva em paz

O filho tolo é a ruína de seu pai, e a esposa briguenta é como uma goteira constante.

PROVÉRBIOS 19:13

Senhor, às vezes nossa casa é tudo, menos quieta – e quero viver em paz. Que eu tenha a serenidade em meu coração, mesmo quando todo o resto está em constante movimento. Ajude-me a ser uma apaziguadora, e não uma esposa briguenta. Não quero ser como uma goteira constante, uma irritação para ele – quero ser uma bênção. Ajude-me a desistir da minha necessidade por controle. Dê-me forças para aceitar meu marido, respeitá-lo e ser uma pessoa de paz.

Melhor comunicação

Antes, seguindo a verdade em amor, cresçamos em tudo naquele que é o cabeça, Cristo.

EFÉSIOS 4:15

Senhor, agradeço por meu marido maravilhoso. Eu realmente o amo, mas preciso de mais; preciso de melhor comunicação com ele. Ajude-me a não ter medo de pedir pelo que emocionalmente preciso. Oro para que tu fales com coração dele, e que ele aprenda a ouvir. Ajude-o a me fazer perguntas sobre minha vida e a estar presente durante a conversa. Senhor, ajude-nos a falar a verdade no amor e a nos tornarmos mais próximos por meio de uma comunicação melhor.

Faça-nos renascer, Senhor

O generoso prosperará; quem dá alívio aos outros, alívio receberá.

PROVÉRBIOS 11:25

Senhor, nós precisamos de renascimento em nosso casamento. Peço que tu restaures a conexão em nossas emoções e intimidades. O cotidiano nos cansa e precisamos de tempo juntos para a real proximidade, não apenas familiaridade. Oro para que possamos redescobrir a alegria de nosso amor mútuo. Não nos deixe apressados, para que possamos notar um ao outro e com isso nutrir nosso casamento.

Reascenda o romance

Ah, se ele me beijasse, se a sua boca me cobrisse de beijos... Sim, as suas carícias são mais agradáveis que o vinho.

CANTARES 1:2

Senhor, peço que tu reascendas o romance, a química, em meu relacionamento com meu marido. O fogo do amor às vezes diminui – e precisamos fazê-lo queimar novamente. Estimule nossa intimidade com afeição restaurada e paixão. Ajude-nos a lembrar os dias em que éramos mais ávidos. Eu sou dele! Ele é meu! E, apesar de nosso relacionamento ter amadurecido, ajude-nos a sempre encontrar preenchimento nessa expressão de Deus do amor entre um e outro.

Não nos deixe perambular

O casamento deve ser honrado por todos; o leito conjugal, conservado puro; pois Deus julgará os imorais e os adúlteros.

HEBREUS 13:4

Senhor, peço em nome e pelo poder de Jesus que tu mantenhas meu marido convicto em não se extraviar dos nossos votos de casamento. Mantenha nossos olhos longe de outras pessoas e nossos corações puros – em sua direção e em nossa direção – para que nós nunca cedamos a uma intimidade emocional ou sexual fora de nosso casamento. Ajude-nos a não desacreditar da nossa união, mas, ao invés disso, a nos mantermos fiéis – e a estimarmos o laço especial que temos um com o outro.

Diversão e amizade

Quem encontra uma esposa encontra algo excelente; recebeu uma bênção do Senhor.

PROVÉRBIOS 18:22

Senhor, obrigada pelo laço de amizade que temos em nosso casamento. Gosto de falar e dividir a vida com meu marido. Obrigada por nossas risadas e alegria. Ajude-nos a manter nossa atitude positiva, a sorrir e a nos divertirmos juntos. Dê-nos tempo para nos entretermos – nos esportes, jogos, viagens ou trabalhando juntos na casa. Mantenha-nos juntos no amor e na amizade, e ajude-nos a nos curtir realmente.

Para a salvação do meu marido

Porque Deus tanto amou o mundo que deu o seu Filho Unigênito, para que todo o que nele crer não pereça, mas tenha a vida eterna.

JOÃO 3:16

Senhor, oro pelo meu marido, pedindo que ele tenha o desejo de te conhecer. Tu gostarias que todos encontrassem a vida eterna – e oro para que o homem que amo conheça e experimente o teu amor. Oro para que em breve ele venha a acreditar em seu único filho, para que ele também possa ter a vida eterna que tu me concedeste. Que o amor e a luz de Cristo brilhem em mim para que ele possa chegar mais perto de ti.

Meus filhos

O poder do estímulo

Não rogo que os tires do mundo, mas que os protejas do Maligno.

João 17:15

Toda manhã nossos filhos se vestem e começam o dia. Mas não importa o que eles vistam, nunca estão completamente vestidos até que coloquem o "modelo" que precisam para sobreviver às batalhas à frente.

Não pensaríamos em enviar um soldado para a guerra sem o treinamento apropriado e o equipamento de proteção. Da mesma forma, precisamos equipar nossos filhos com a arma da oração como parte de sua armadura completa de Deus. A verdade é que as crianças encontram uma guerra cultural todo dia. Em nossa sociedade, as linhas entre certo e errado estão borradas. Os valores de fé e família são desafiados na escola, pelos amigos e pela mídia – na televisão, na música, na Internet, em todos os lugares.

A oração libera o poder dos céus para proteger e defender as nossas famílias. Em Efésios 6:11,12 nos é dito: "Vistam toda a armadura de Deus, para poderem ficar firmes contra as ciladas do Diabo, pois a nossa luta não é contra seres humanos, mas contra os poderes e autoridades, contra os dominadores deste mundo de trevas, contra as forças espirituais do mal nas regiões celestiais."

Enquanto os dois garotos de Kim cresciam, ela orava pela armadura de Deus para Brandon e A. J. Todas as manhãs antes da escola. Que armadura? A cobertura protetora encontrada em Efésios 6:14-17: "Assim, mantenham-se firmes, cingindo-se com o cinto da verdade, vestindo a couraça da justiça e tendo os pés calçados com a prontidão do evangelho da paz. Além disso, usem o escudo da fé, com o qual vocês poderão apagar todas as setas inflamadas do Maligno. Usem o capacete da salvação e a espada do Espírito, que é a palavra de Deus."

Orar por nossos filhos – e encorajá-los a orar – é um dos melhores presentes que você pode dar para eles. E nunca é tarde para começar. Wendy e Steve oram com seu filho pequeno antes das refeições e na hora de ir para a cama. Um dos pais falará primeiro, "Senhor Deus", e o filho repetirá. Frases adicionais são ditas e repetidas até que uma breve oração seja concluída. Não é nada longo ou envolvente, mas é consistente. Crianças aprendem ao ver a oração moldada e praticando.

Existe uma oração familiar em Provérbios (22:6) que diz: "Instrua a criança segundo os objetivos que você tem para ela, e mesmo com o passar dos anos não se desviará deles." Podemos encorajar nossos filhos orando com eles e para eles.

Ore pelos seus filhos – e não desista. Sempre lembre o que a Bíblia diz: "A oração de um justo é poderosa e eficaz" (Tiago 5:16).

Ame seus filhos

Nós amamos porque ele nos amou primeiro.

1 JOÃO 4:19

Senhor, obrigada por me amar e me dar o poder de amar outras pessoas. Ajude-me a amar meus filhos com palavras de afirmação e estímulo. Ajude-me a tornar prioridade dar para eles meu tempo e minha atenção – a realmente ouvi-los, para que se sintam amados e valorizados. Oro pela sabedoria de disciplinar no amor, pela energia para brincar e pela habilidade de sorrir e curtir meus filhos. Obrigada pelos meus filhos e por teu amor por todos nós.

Estimulem-se

Por isso, exortem-se e edifiquem-se uns aos outros, como de fato vocês estão fazendo.

1 TESSALONICENSES 5:11

Senhor, em nossa família, nos dê a graça de estimular uns aos outros. Ajude-nos a levantar uns aos outros, não a nos colocarmos para baixo. Ajude-me a demonstrar aprovação para os meus filhos ao pegá-los fazendo o certo, não apenas corrigindo-os quando fazem algo errado. Ajude-me a dar para eles o que precisam – seja um abraço ou um tapinha nas costas, palavras doces ou um estímulo extra durante uma tarefa de casa mais difícil. Que eu aprenda contigo a como trazer o melhor de cada um.

Ore pela salvação de seus filhos

> *Digo-lhes a verdade: Quem não receber o Reino de Deus como uma criança, nunca entrará nele. Em seguida, tomou as crianças aos braços, impôs-lhes as mãos e as abençoou.*
>
> MARCOS 10:15,16

Senhor, peço e oro em nome do poder de Jesus que tu plantes uma semente no coração de meus filhos para que eles o desejem. Oro para que eles venham conhecer-te pessoalmente ainda enquanto bem jovens. Ajude-os a conhecer-te como o salvador e senhor deles e ajude-os a se manterem corretos na estreita passagem para o teu reino. Dê-lhes ouvidos para ouvirem, olhos para verem e um coração para receberem o presente da salvação. Atraia meus filhos para ti, eu oro.

A armadura de proteção de Deus

Finalmente, fortaleça-se no Senhor e no seu forte poder. Vistam toda a armadura de Deus, para poderem ficar firmes contra as cilada do Diabo.

EFÉSIOS 6:10,11

Senhor, agradeço pela proteção que tu dás a meus filhos. Com a armadura de Deus completa, faça que eles sejam fortes em teu poderoso poder. Ajude-os a se manterem firmes com o cinto da verdade, e a colocarem a couraça da justiça, sabendo que eles estão certos ao ficarem ao teu lado. Que o Evangelho da paz seja como sapatos nos pés deles. Enquanto eles levantam o escudo da fé, dê para eles o Espírito Santo de lutar pela vitória contra o mal. Com o capacete da salvação e a espada do Espírito – hoje em dia a Palavra de Deus – que eles estejam completamente protegidos.

Ensine-os a orar

Não os esconderemos dos nossos filhos; contaremos à próxima geração os louváveis feitos do Senhor, o seu poder e as maravilhas que fez. Ele decretou estatutos para Jacó, e em Israel estabeleceu a lei, e ordenou aos nossos antepassados que a ensinassem aos seus filhos.

SALMO 78:4,5

Senhor, oro para que tu me ajudes a ser um bom modelo ao ensinar meus filhos a orar. Como guia espiritual, me dê forças para orar por eles e com eles. Que eu dê instruções claras e exemplos consistentes para que meus filhos criem bons hábitos de oração. Sei que não sou perfeita, mas me submeto a ti. Peço que da mesma forma que eu sigo seu exemplo, Senhor, eles também sigam o meu – e sejam pessoas de oração.

Ame a Deus e conheça a Palavra dele

> *Gravem estas minhas palavras no coração e na mente; amarrem-nas como sinal nas mãos e prenda-nas na testa. Ensinem-nas a seus filhos, conversando a respeito delas quando estiverem sentados em casa e quando estiverem andando pelo caminho, quando se deitarem e quando se levantarem.*
>
> DEUTERONÔMIO 11:18,19

Senhor, é essencial que a Tua Palavra encha meu coração e o de meus filhos. Ajude-me a gravar teus ensinamentos em meus filhos vivendo o que eu acredito. Ajude-os a conhecer a importância de teu caminho enquanto falamos sobre assuntos espirituais – em casa, no carro ou onde quer que estejamos vivendo a vida. Que tenhamos a coragem de dividir o que tu estás fazendo em nossa vida e que aprendamos uns com os outros. Oro para que minha família e eu possamos viver a Palavra diariamente, pois conhecemos bem Tua Palavra.

Ensine-os a obedecer

> *Respondeu Jesus: Se alguém me ama, obedecerá à minha palavra. Meu Pai o amará, nós viremos a ele e faremos morada nele.*
>
> JOÃO 14:23

Senhor, ajude meus filhos a amar e a obedecer a ti – e, fazendo isso, obedecerem a mim e ao meu marido. Ajude-os a experimentar a alegria da obediência, sabendo que ela te agrada e aos pais deles e que ela leva a bênçãos. Enquanto eles aprendem a obedecer, dê para eles espíritos cooperativos, e não rebeldes. E quando eles falharem, escolhendo não obedecer, por favor, me dê paciência e discernimento para saber discipliná-los com amor.

Ore por um recém-nascido

> *Contudo, tu mesmo me tiraste do ventre; deste-me segurança junto ao seio de minha mãe. Desde que nasci fui entregue a ti; desde o ventre materno é o meu Deus.*
>
> SALMO 22:9,10

Senhor, orei por essa criança e tu me concedeste o que pedi. Agradeço a ti pelo milagre dessa nova vida. Oro por sua bênção para nosso precioso bebê. Oro pela proteção e segurança dessa criança. Que nosso bebê cresça para ser forte e saudável, mental e espiritualmente. Despeje teu amor e afeição em nós, e nos ajude a dar o mesmo cuidado e criação na vida de nosso filho. Nós comprometemos essa criança contigo, Senhor. Por favor, abençoe nosso bebê.

Oração para crianças em crescimento

Cresçam, porém, na graça e no conhecimento de nosso Senhor e Salvador Jesus Cristo. A ele seja a glória, agora e para sempre! Amém.

2 PEDRO 3:18

Senhor, como nossas crianças amadurecem, oro para que elas venham a conhecer a ti pessoalmente e cresçam na tua graça e conhecimento. Que tu tragas glória para teu nome enquanto ajudamo-los a crescer. Proteja-os e mantenha-os sob teu doce cuidado enquanto eles escolhem amigos e aprendem a tomar suas próprias decisões. Dê para eles fome de ti. Dê para eles o desejo pela oração. Ajude-os a ter corações gratos e sinceros.

Oração para adolescentes

Assim lhes diz o Senhor: "Não tenham medo nem fiquem desanimados por causa desse exército enorme. Pois a batalha não é de vocês, mas de Deus."

2 CRÔNICAS 20:15

Senhor, peço por sabedoria e paciência no decorrer da adolescência de meus filhos. Enquanto eles navegam por novas águas de crescimento, substitua a confusão por pensamentos claros. Oro pelo autocontrole deles e pela sabedoria para não serem influenciados pelos colegas. Dê para eles uma paixão por ti e direção para a vida. Que eles sejam motivados e honestos. Ajude-me a ter contato com meus filhos nessa idade e procurar entender o mundo deles. Eu te agradeço pelo fato de a batalha não ser minha, mas tua, Senhor.

Oração para outras crianças em minha vida

Depois trouxeram crianças a Jesus, para que lhes impusesse as mãos e orasse por elas. Mas os discípulos os repreendiam.

MATEUS 19:13

Em minha vida, Senhor, existem muitas crianças além dos meus filhos. Oro por elas hoje. Eu oro hoje pelos amigos de meus filhos, por minhas sobrinhas, meus sobrinhos e outros familiares; pelos filhos de meus vizinhos, pelas crianças adotadas que conheço e pelas crianças da Igreja. Peço que tu as abençoe através de mim. Tantas crianças precisam de ti, Senhor. Mostre teu amor para elas; revele tua bondade e fidelidade para elas. Oro para que abençoe a vida delas hoje.

Para os parceiros de meus filhos

Não despertem nem provoquem o amor enquanto ele não o quiser.

CANTARES 2:7

Senhor, oro hoje pelos parceiros futuros de meus filhos. Apesar de eles serem apenas crianças hoje, oro pelos cônjuges que irão um dia ser seus maridos ou esposas. Mantenha-os puros e ajude-os a esperar pelo amor. Traga cônjuges para a vida de meus filhos que sejam divinos, amorosos e encorajadores. Oro por parceiros que combinem bem com eles, que irão procurar servir uns aos outros e viver em harmonia. Oro por tua vontade e pelo teu tempo nessas decisões importantes da vida.

Oração para uma criança rebelde

Ouçam, ó céus! Escute, ó terra! Pois o Senhor falou: "Criei filhos e os fiz crescer, mas eles se revoltaram contra mim."

ISAÍAS 1:2

Senhor, por favor, ouça minha oração por ajuda de hoje. Preciso de teu poder supremo na vida de meu filho. Oro contra a desobediência e pela provocação, e peço que meu filho rebelde volte a obedecer tanto a mim quando a ti. Oh Deus, eu preciso de ti. Fale com meu filho pródigo e tenha misericórdia. Oro pela restauração e pelo perdão, já que o teu amor gracioso ressuscita o coração dessa criança. Leve meu filho de volta para ti e para nossa família.

Abençoe seus talentos e habilidades

Abençoa todos os seus esforços, ó Senhor, e aprova a obra das suas mãos.

DEUTERONÔMIO 33:11

Senhor, enquanto meus filhos crescem, peço que tu abençoes seus talentos e habilidades em desenvolvimento. Que tu fiques grato com o trabalho do coração, mente e corpo deles. Nas tarefas de casa, tarefas domésticas, e clubes e atividades deles, quc tcnham um bom desempenho e excedam o nível de suas habilidades. Dê para eles o desejo de aprender e crescer com propósito e motivação nos interesses que eles escolherem.

MEU LAR

O poder da harmonia e da hospitalidade

Partiam o pão em suas casas, e juntos participavam das refeições, com alegria e sinceridade de coração.

ATOS 2:46

ERA UMA vez uma mulher que amou a Deus, trabalhou vigorosamente e cuidou das necessidades de sua família. Ela também ajudou aos pobres em sua comunidade. Essa mulher era sábia e fez uso de todos os momentos em que podia ensinar algo para seus filhos. E ela fez tudo isso com força, dignidade e com um sorriso.

Não sabemos o nome dessa mulher, mas podemos ler sobre ela em Provérbios 31. Embora nossa vida no século XXI seja completamente diferente do que a vida na melhor época da experiência dessa mulher diligente, algumas coisas essenciais atravessam os anos. Os valores nucleares da sabedoria, fidelidade, dignidade, força, sorriso, trabalho duro, serviço aos outros e a preeminência de Deus em primeiro lugar continuam sendo tão verdadeiras hoje quanto foram há três mil anos. A mulher de Provérbios 31 era uma excelente administradora do lar, premiada com louvor pelo seu marido, seus filhos e outros.

Seja você casada ou solteira, se trabalha ou não fora de casa, um dos seus papéis como mulher é ser uma administradora do lar. Quando você é uma sábia administradora dos recursos que Deus forneceu, sua casa pode se tornar um lugar de bênçãos para todos que ali entrarem. Você cria o "ambiente". Será ele um lugar de calor e boas-vindas – ou uma atmosfera de caos e conflito?

Coisas poderosas acontecem quando você convida Deus para sua casa. Quando você chama esse gracioso convidado, ele sempre comparece – e quando ele o faz, sua casa e sua família nunca mais serão as mesmas. "Se você está inclinado a convidar Deus para que se envolva nos seus desafios diários," diz Bill Hybels, pastor da Igreja Willow Creek, "você irá experimentar o poder prevalecente dele – em sua casa, nos seus relacionamentos, no supermercado, nas escolas, na Igreja, e em qualquer lugar que precisar... O poder prevalecente de Deus é libertado na vida das pessoas que oram".[4]

A oração é a fundação de toda casa – seja ela uma mansão ou um trailer, uma cabana ou um condomínio. Você pode orar de forma poderosa no decorrer do dia, em qualquer parte da casa em que por acaso esteja. Interceda pelo seu marido enquanto está guardando as roupas lavadas. Melhore o dia difícil de seu filho na escola enquanto prepara o jantar. Agradeça a Deus pela casa que você tem e peça para ele para ajudá-la a administrar com sabedoria os recursos que ele forneceu.

Ore por proteção e segurança. Ore por relações familiares mais amorosas. Ore por mais paz e harmonia. Peça a Deus para ajudar sua família a se conectar melhor com ele e uns com os outros – independentemente de toda a ocupação que todos vocês experimentam. Ore por um coração de hospitalidade para chegar a seus amigos, vizinhos e para sua comunidade como um todo.

Um lar que é construído com amor e fortificado com oração irá manter-se forte e durar muito tempo.

Uma base sólida

> *Portanto, quem ouve estas minhas palavras e as pratica é como um homem prudente que construiu a sua casa sobre a rocha.*
>
> MATEUS 7:24

Senhor, venho diante de ti para pedir que tu estabeleças nossa casa na sólida rocha de teu amor. Por favor, seja nossa pedra angular. Oro para que nossa família seja enraizada no amor, baseada na graça e rica em respeito mútuo. Ajude-nos a ser uma família que te procura, que procura apoio um no outro e que procura o mundo ao nosso redor. Que nós fiquemos firmes como uma família construída em uma base de fé verdadeira.

Sirva ao Senhor

Se, porém, não lhes agrada servir ao Senhor, escolham hoje a quem irão servir, se aos deuses que os seus antepassados serviram... Mas, eu e a minha família serviremos ao Senhor.

JOSUÉ 24:15

Senhor, este mundo oferece tantas escolhas sobre pessoas ou coisas às quais poderíamos oferecer aliança. Iremos escolher não nos curvar aos deuses do materialismo ou do egoísmo. Ao invés disso, por favor, nos dê forças para te servir. Enquanto humildemente nos curvamos diante de ti, perguntamos se tu proverias nossas necessidades para que tenhamos meios de ajudar e suprir as necessidades dos outros durante nosso serviço e hospitalidade.

Um lugar de amor e respeito

Tratem a todos com o devido respeito: amem os irmãos, temam a Deus e honrem o rei.

1 PEDRO 2:17

Senhor, que nosso lar seja um lugar onde nós demonstremos amor e respeito uns com os outros. Ajude-nos a dar valor a cada membro de nossa família e a todos que recebemos em nossa casa. Podemos não concordar sempre; podemos ter opiniões diferentes. Mas oro para que consigamos estender nossa bondade aos outros e procuremos vê-los como significantes, merecedores e valorosos. Nós escolhemos honrar os outros em nossa casa, pois te honramos.

Hospitalidade

Compartilhem o que vocês têm com os santos em suas necessidades. Pratiquem a hospitalidade.

ROMANOS 12:13

Senhor, te agradeço pela minha casa. Mostre ao meu coração oportunidades de abrir essa casa para outras pessoas. Quero dividir o que tu me deste. Enquanto pratico a hospitalidade, que teu amor brilhe em minha vida. Apesar da minha casa se comparar a outras, te agradeço pelo que tenho. Estou grata, pois teu espírito está presente aqui. Dê-me um coração generoso e aberto e use minha casa para teus bons propósitos.

Vivendo em harmonia

Partiam o pão em suas casas, e juntos participavam das refeições, com alegria e sinceridade de coração.

ATOS 2:46

Senhor, que nossa casa seja um lugar de harmonia. Deixes que a alegria e a sinceridade sejam marcos aqui no momento em que juntos dividimos nossas refeições, entretemos, vivemos, sorrimos e jogamos juntos em família. Oro contra a discórdia e contra as brigas, e oro pela paz.

Dê para cada um de nós um espírito agradável. Quando os desafios da vida vierem, ajude-nos a amar e apoiar uns aos outros com empatia, doçura e amor.

Um lugar seguro

O meu povo viverá em locais pacíficos, em casas seguras, em tranquilos lugares de descanso.

ISAÍAS 32:18

Senhor, peço que tu sejas nossa forte defesa e protejas nossa casa. Que esse seja um lugar de segurança, conforto e paz. Guarde-nos das forças de fora e nos proteja contra ataques prejudiciais que venham daqui de dentro. Oro para que o Espírito Santo coloque uma salvaguarda de proteção ao redor de nossa casa e de nossa família. Senhor, nós o vemos como nosso refúgio, nossa força e nossa segurança.

Palavras estimulantes

As palavras agradáveis são como um favo de mel, são doces para a alma e trazem cura para os ossos.

PROVÉRBIOS 16:24

Senhor, oro para que nós usemos palavras estimulantes e doces em nossa casa. Ajude-nos a levantar uns aos outros – nunca a nos colocar para baixo. Ajude-nos a não ser tão autocentrados a ponto de esquecer como as outras pessoas ao nosso redor estão indo. Como mel, que as palavras de nossa boca sejam doces para a alma e curativas para os ossos. Ajude-nos a ser positivos, apaziguadores e pessoas com consideração. Obrigada por nos dar palavras que restauram.

Uma família que ora unida

Ele e toda a sua família eram piedosos e tementes a Deus; dava muitas esmolas ao povo e orava continuamente a Deus.

ATOS 10:2

Senhor, quero que nossa família ore junto em casa com mais frequência. Nós precisamos te colocar em primeiro lugar, pois tu és a fonte da vida – e tu és merecedor de nossos primeiros minutos e de nossa atenção. Ajude-nos a passar mais tempo contigo, uma prioridade. Oro para que encontrar contigo em conjunto nos aproxime de ti e de nós mesmos. Acredito que tu tens tem tantas coisas mais para nós. Peço pela tua bênção enquanto procuramos honrá-lo dessa forma.

Administração sábia

O Senhor é a minha força e o meu escudo; nele o meu coração confia, e dele recebo ajuda. Meu coração exulta de alegria, e com o meu cântico lhe darei graças.

SALMO 28:7

Senhor, agradeço pelo lar que tu confiaste aos meus cuidados. Ajude-me a ser uma sábia administradora dos meus recursos, de todos os que tu me deste. Ajude-nos a cuidar de nossas coisas, a mantê-las limpas e consertadas. Que usemos o dinheiro sabiamente, que compartilhemos livremente de suas bênçãos, que passemos nosso tempo de forma positiva e que tragamos glória a teu nome.

Guiando outra mulher

> *Semelhantemente, ensine as mulheres mais velhas a serem reverentes na sua maneira de viver, a não serem caluniadoras nem escravizadas a muito vinho, mas a serem capazes de ensinar o que é bom. Assim, poderão orientar as mulheres mais jovens a amarem seus maridos e seus filhos, a serem prudentes e puras, a estarem ocupadas em casa, e a serem bondosos e sujeitos a seus maridos, a fim de que a palavra de Deus não seja difamada.*
>
> TITO 2:3-5

Senhor, agradeço pelas mulheres mais velhas em minha vida, que foram mentoras para mim. Quer elas saibam, quer não, as mulheres me aconselharam com sabedoria divina e me ensinaram como crescer como esposa, como mãe e como mulher. Senhor, me ensine a amar meu marido e meus filhos, a ter autocontrole e a ser pura, a ser bondosa e a conhecer a Tua Palavra – para que eu possa ensinar o que é bom para outras mulheres ao meu redor.

Celebrações familiares

Esses dias seriam lembrados e comemorados em cada família de cada geração, em cada província e em cada cidade, e jamais deveriam deixar de ser comemorados pelos judeus. E os seus descendentes jamais deveriam esquecer-se de tais dias.

ESTER 9:28

Senhor, agradeço pela alegria da celebração! Ajude-nos a ser uma família que recorda e que se reúne – não apenas para aniversários e feriados, mas também para celebrar as pequenas bênçãos da vida. Enquanto sorrimos e brincamos, comemos e bebemos, desafiamos e estimulamos uns aos outros, estamos gratos por tudo que tu fizeste em nossa vida. Que nós tenhamos boas recordações de nossas celebrações em família.

Bênçãos para uma nova casa

A maldição do Senhor está sobre a casa dos ímpios, mas ele abençoa o lar dos justos.

PROVÉRBIOS 3:33

Senhor, por favor, abençoe essa nova casa. Nós a dedicamos a ti, em nome de Jesus. Pedimos para que tu tragas proteção e segurança para esse lugar. Encha cada cômodo com tua amável presença, tua paz e teu poder. Que nós nos tratemos com respeito e aos convidados com calor e boas-vindas. Use essa casa para trazer glória para teu nome, Senhor. Que todos os que venham aqui se sintam em casa.

Administrando a sua casa

Cuida dos negócios de sua casa e não dá lugar à preguiça.

PROVÉRBIOS 31:27

Senhor, agradeço pela sabedoria que tu me dás a cada dia para que eu cuide dos negócios de minha casa. Dê-me energia para terminar meu trabalho e para manter nossa casa organizada e funcionando com facilidade. Ajude-me a ser uma boa administradora do meu tempo e a me manter focada em teus propósitos. Preciso terminar minhas tarefas, mas também quero nutrir e estimar meus relacionamentos. Senhor, dê-me forças. Ajude nossa casa a ser um lugar de ordem, paz e alegria.

Sirvam uns aos outros no amor

Irmãos, vocês foram chamados para a liberdade. Mas não usem a liberdade para dar ocasião à vontade da carne; ao contrário, sirvam uns aos outros mediante o amor.

GÁLATAS 5:13

Senhor, nos ensine a servir uns aos outros. Seja comigo preparando o jantar, ou minha filha ajudando a irmã a tirar as folhas do jardim, ou meu marido e meu filho tirando o lixo, que cada um de nós tenha os motivos corretos.

Ajude-nos, enquanto ajudamos os outros, a ser amáveis e encorajadores. Deixe-nos mais cientes das necessidades dos outros – e ajude-nos a encontrar o deleite em fazer o fardo deles mais fácil. Ajude-nos a servir com um coração de amor e gratidão.

Minha saúde

O poder da cura

Longa vida para o senhor! Muita paz para o senhor e sua família! E muita prosperidade para tudo o que é seu!

I Samuel 25:6

A cura é uma das maiores dádivas dadas por Deus. "Quanto mais saudáveis estamos, mais estáveis estão nossas emoções", diz a autora Joyce Meyer em *Look Great, Feel Great*. "Uma pessoa saudável pode lidar com decepções mais facilmente do que uma pessoa que não está. Elas podem manter-se saudáveis através das tormentas da vida."[5] Mas apesar de muitos de nós entendermos que nosso corpo é um templo (1 Coríntios 6:19), muitas vezes tratamos nosso corpo como se ele fosse uma lata de lixo. Estamos realmente cuidando de nós mesmos quando comemos porcaria, não fazemos exercício e enchemos nossa cabeça com a negatividade do ambiente de hoje?

Podemos orar orações fortes e efetivas para a saúde, cura e integridade, na nossa vida e na vida dos outros, quando nós:

- *Oramos com coragem*: "Assim, aproximemo-nos do trono da graça com toda a confiança, a fim de recebermos misericórdia e encontrarmos graça que nos ajude no momento da necessidade" (Hebreus 4:16).
- *Pedimos em nome de Jesus*: "Até agora vocês não pediram nada em meu nome. Peçam e receberão, para que a alegria de vocês seja completa" (João 16:24).
- *Oramos com fé*: "E tudo o que pedirem em oração, se crerem, vocês receberão" (Mateus 21:22).

A fé e a oração caminham juntas. Martin Luther disse: "A fé faz a oração aceitável, pois se acredita que ou a oração será ouvida, ou que algo melhor será dado no lugar."[6]

Quando oramos, liberamos o poder dos céus em nossa vida. Mas há momentos em que o poder de nossas orações pela cura não são respondidas com um "sim". Como suportamos – e o que aprendemos? Em seu clássico livro *Prayer*, George A. Butrick diz: "A oração verdadeira não faz com que a dor cesse, mas tira dela o insight, a paciência, a coragem e a simpatia... Esta é a cura além da cura. Através desta oração somos 'mais do que conquistadores', a realidade através das orações não respondidas se torna a verdadeira presença de Deus."[7]

Mary Ann dá um bom exemplo disso. Diagnosticada com esclerose múltipla aos 27 anos, ela logo se tornou debilitada – mas então, surpreendentemente a doença entrou em remissão por vários anos. Quando a filha mais nova dela saiu de casa para ir para a faculdade, a saúde de Mary Ann rapidamente entrou em declínio de novo, e ela ficou presa a uma cadeira de rodas para o resto da vida.

Antes, Mary Ann havia orado: "Senhor, por favor, deixe-me saudável o suficiente para criar minhas filhas." Foi através da graça dele que a doença dela ficou em remissão durante os anos em que as filhas dela estavam crescendo. As filhas de Mary Ann se maravilham com o fato de a mãe delas nunca haver reclamado da injustiça da esclerose múltipla – ela aceitou a vida que Deus deu para ela e usou dos recursos que tinha para belamente representar o Senhor. Quando Mary Ann morreu, aos 65 anos, uma multidão esteve na missa de sétimo dia para agradecer por seu exemplo encorajador.

Quando Deus cura, nós o louvamos. Quando não, ainda assim devemos louvá-lo. Nos dois casos, mudamos por dentro.

Para a Boa Saúde

Digam-lhe: Longa vida para o senhor! Muita paz para o senhor e sua família! E muita prosperidade para tudo o que é seu!

1 SAMUEL 25:6

Senhor, agradeço pela minha saúde. É uma bênção. Oro pela tua força para me sustentar enquanto cuido de mim mesma – comendo coisas saudáveis, bebendo bastante água e fazendo dos exercícios parte da minha vida diária. Dê-me o autocontrole e a motivação de que preciso para fazer escolhas sábias que ajudem a minha saúde mental, meu espírito e meu corpo. Por favor, me poupe dos machucados e doenças, e me mantenha segura, eu oro.

Por uma Atitude Positiva

Um olhar animador dá alegria ao coração, e as boas notícias revigoram os ossos.

PROVÉRBIOS 15:30

Senhor, quero uma visão mais alegre da vida. Oro por uma esperançosa disposição. Quando eu pender para a negatividade e o cinismo, sei que tu podes me curar. Por favor, me ajude a viver com real alegria, não apenas com um sorriso amarelo. Enquanto passo mais tempo contigo, que a tua alegria aflore por mim. E, Senhor, que eu possa trazer alegria para o coração de outras pessoas.

Saúde Espiritual

O Senhor é o meu pastor; de nada terei falta. Em verdes pastagens me faz repousar e me conduz a águas tranquilas; restaura-me o vigor. Guia-me nas veredas da justiça por amor do seu nome. Mesmo quando eu andar por um vale de trevas e morte, não temerei perigo algum, pois tu estás comigo; a tua vara e o teu cajado me protegem. Preparas

> *um banquete para mim à vista dos meus inimigos. Tu me honras, ungindo a minha cabeça com óleo e fazendo transbordar o meu cálice. Sei que a bondade e a fidelidade me acompanharão todos os dias da minha vida, e voltarei à casa do Senhor enquanto eu viver.*
>
> SALMO 23

Senhor, preciso do teu frescor em minha vida. Pão Celeste, enquanto tu nutres meu corpo com alimento, alimente minha alma com tuas palavras de conforto e vida. Que eu seja preenchida pelo teu amor benéfico, alegria e bondade. Louvo a ti, Pai, por prover pastos verdes, lugares para relaxar e desembaraçar o espírito. Por favor, aquiete meu coração das distrações e sejas o restaurador da minha alma.

Integridade e Viver Corretamente

> *Não seja sábio aos seus próprios olhos; tema o Senhor e evite o mal. Isso lhe dará saúde ao corpo e vigor aos ossos.*
>
> PROVÉRBIOS 3:7,8

Senhor, ajude-me a ser uma pessoa que cuida de si mesma. Enquanto procuro por tua sabedoria para viver corretamente, que eu goze de um corpo são. Preciso assumir responsabilidade pelos meus atos – o que escolho colocar na boca e na minha mente cabe só a mim. Ajude-me a tomar decisões sábias, e a ser uma boa administradora de mim mesma, o "templo" que tu me deste. Ajude-me a não abusar do meu corpo, mas a cuidar dele como tu queres que eu cuide.

Livrando-se do Estresse

> *Lancem sobre ele toda a sua ansiedade, porque ele tem cuidado de vocês.*
>
> 1 PEDRO 5:7

Senhor, ajude-me a encontrar alívio do estresse na minha vida. Preciso dar valor ao descanso e ter tempo para relaxar – e preciso da tua força para isso. Lanço meus cuidados para ti, meu BURDEN BEARER. Ajude-me a lidar com as relações tóxicas e que não são saudáveis na minha vida. Dê-me a força para dizer não quando precisar de limites emocionais melhores. E, por favor, me ajude a encontrar a alegria nas coisas que gosto de fazer – libertar-me com música, dar uma volta, ligar para uma amiga ou aprender um novo hobby. Acalme-me e renove-me, Senhor.

Descanso para o Cansado

> *Venham a mim todos os que estão cansados e sobrecarregados, e eu lhes darei descanso. Tomem sobre vocês o meu jugo e aprendam de mim, pois sou manso e humilde de coração, e vocês encontrarão descanso para as suas almas. Pois o meu jugo é suave e o meu fardo é leve.*
>
> MATEUS 11:28-30

Senhor, preciso descansar. Estou muito cansada e desgastada. Oro para que eu durma bem à noite. Peço por mais energia durante o dia e por um espírito mais vibrante. Alivie a minha carga para que eu possa ter um balanço melhor entre trabalho, ministério e minha vida em casa. Reabasteça-me, Senhor. Enquanto me liberto em espírito e corpo, por favor, encha-me de paz e descanso.

Tempo e Motivação para os Exercícios

Acaso não sabem que o corpo de vocês é santuário do Espírito Santo que habita em vocês, que lhes foi dado por Deus, e que vocês não são de si mesmos? Vocês foram comprados por alto preço. Portanto, glorifiquem a Deus com o seu próprio corpo.

1 CORÍNTIOS 6:19,20

Senhor, preciso de mais tempo – e motivação – para entrar em forma. Quero ter uma rotina de exercícios, mas meus horários são loucos; sempre há tanto para se fazer todo dia. Mostre-me como fazer do exercício uma prioridade em minha vida para que eu possa me sentir melhor, parecer melhor e ter mais energia. Quero honrar a ti, com meu corpo e minha saúde física. Senhor, quero ser uma mulher balanceada, não de extremos. Ajude-me a cuidar de meu corpo e a ser sábia administradora desse recurso que tu me deste por todos os dias da minha vida.

Comer Direto

Portanto, vá, coma com prazer a sua comida e beba o seu vinho de coração alegre, pois Deus já se agradou do que você faz.

ECLESIASTES 9:7

Senhor, agradeço por tu encheres a terra de quantidade generosa de comida. Louvo a ti pela variedade de frutas, vegetais, proteínas e carboidratos que tu provês para sustentar a vida. Ajude-me a priorizar a ingestão de comidas nutritivas, a beber água suficiente e evitar me mimar com porcaria. Oro pelo tempo para comprar e cozinhar refeições balanceadas. Por favor, me ajude a encontrar alimento que seja saudável e saboroso, e vontade para comer com moderação.

Mantendo a Sua Mente Ativa

Portanto, não durmamos como os demais, mas estejamos atentos e sejamos sóbrios.

1 TESSALONICENSES 5:6

Senhor, quero manter minha mente saudável e ativa. Dê-me sapiência com relação ao que coloco na cabeça. Preciso alimentá-la com as coisas certas para que eu possa estar alerta e controlada. Evite que eu assista a programas na televisão ou no cinema que poluam a mente. Abra minha mente para perseguir coisas desafiadoras, que me façam ter bons pensamentos e me ajudem a me tornar uma pessoa melhor e mais sábia.

Boa Saúde Emocional

Tal é a confiança que temos diante de Deus, por meio de Cristo. Não que possamos reivindicar qualquer coisa com base em nossos próprios méritos, mas a nossa capacidade vem de Deus.

2 CORÍNTIOS 3:4,5

Senhor, agradeço por todas as emoções que temos. Ajude-me a gozar de uma saúde emocional boa e estável. Oro por plenitude em meus sentimentos. Oro para que eu tenha mais confiança e para que eu encontre minha competência em ti. Peço por uma autoestima mais saudável – que eu encontre a minha real dignidade e encontre meu valor em quem eu sou em Cristo. Oro por mais sorrisos, diversão e brincadeira em minha vida. Obrigada por se preocupar com todos os aspectos da minha saúde – minha mente, minhas emoções e meu corpo.

Um Ambiente Limpo

Como pode o jovem manter pura a sua conduta? Vivendo de acordo com a tua palavra. Eu te busco de todo o coração; não permitas que eu me desvie dos teus mandamentos. Guardei no coração a tua palavra para não pecar contra ti.

SALMO 119:9-11

Senhor, quero viver uma vida limpa e saudável. Enquanto me submeto à Tua Palavra, ajude-me a ser pura em meus pensamentos e em meu corpo. Ajude-me a dar um ambiente saudável para minha casa com menos sujeira e poeira e menos germes. E oro para que, fora de minha casa, as pessoas trabalhem juntas para diminuir a poluição, para que todos nós possamos respirar um ar mais puro e beber água de melhor qualidade. Em nossa cidade, em nossa casa, em nosso corpo, Senhor, ajude-nos a viver em ambientes mais limpos e saudáveis.

Oração para a Cura

> *E assim se cumpriu o que fora dito pelo profeta Isaías: "Ele tomou sobre si as nossas enfermidades e sobre si levou as nossas doenças."*
>
> MATEUS 8:17

Senhor Deus, meu curador, peço em nome de Jesus que tu alivies minhas feridas ou a minha doença hoje. Pelas tuas chagas, Senhor, estou curada. Peço que tu alivies minha dor e sofrimento. Mostres aos médicos a melhor forma de me ajudar. Toque-me com teu poder e tua presença. Peço humildemente que tu me faças ficar bem. E se tu escolheres por não fazê-lo, Senhor, ajude-me a, ainda assim, louvá-lo, olhando para o bom propósito que tu tens para a minha vida. Que a tua vontade seja feita, Pai.

Vivendo com a Dor

Grande é o Senhor e digno de ser louvado; sua grandeza não tem limites.

SALMO 145:3

Senhor, escolho te louvar em meio a essa dor. Tu és grande e não existe ninguém digno de tua honra e glória. "Cura-me, Senhor, e serei curado; me salva, e serei salvo, pois tu és aquele a quem eu louvo" (Jeremias 17:14). Eu te dou esse desconforto e peço em nome e força de Jesus que tu leves embora essa dor. Ajude-me e cure-me completamente da minha dor. Deixe meu coração doer apenas pelo conforto da tua presença.

Quando a Cura Não Vem

Considero que os nossos sofrimentos atuais não podem ser comparados com a glória que em nós será revelada. Sabemos que Deus age em todas as coisas para o bem daqueles que o amam, dos que foram chamados de acordo com o seu propósito.

ROMANOS 8:18,28

Senhor, orei e a cura não veio. É difícil saber por que tu não curas quando claramente tens o poder para fazê-lo. Por favor, ajude-me a não focar em meu sofrimento presente, mas para ser transformada em minha atitude. Que eu me deleite na glória que será revelada em mim através disso e, finalmente, quando eu me encontrar contigo no céu. Não entendo, mas de qualquer forma escolho louvá-lo. Dê-me a paz, conforto e segurança de que todas as coisas, até mesmo essa, irão acontecer pelo meu bem e pela tua glória.

Minha alegria

O poder da obediência

Alegrem-se, porém, os justos! Exultem diante de Deus! Regozijem-se com grande alegria!

Salmo 68:3

De onde a alegria vem? De ganhar uma viagem para o Havaí? Da bênção de um bebê recém-nascido? Ou talvez do calmo deleite de se assistir ao pôr do sol com aquele que se ama? Essas coisas talvez nos tragam alegria, mas o que acontece quando chove na praia, o bebê tem cólica ou aquele que amamos não quer mais assistir ao pôr do sol conosco?

A verdadeira alegria não é fugaz nem dependente das nossas circunstâncias. Apesar de o mundo parecer ter a intenção de esmagar nossa alegria, nós podemos aprender a orar com força para ter mais alegria em nossa vida. Tudo começa com um pedido.

"Esta é a confiança que temos ao nos aproximarmos de Deus," escreveu o apóstolo João em 1 João 5:14,15, "se pedirmos alguma coisa de acordo com a vontade de Deus, ele nos ouvirá. E se sabemos que ele nos ouve em tudo o que pedimos, sabemos que temos o que dele pedimos."

Claro, o tempo é a prerrogativa de Deus. Uma mulher chamada Sara sabia que Deus respondia às orações, mas ela não estava inclinada a esperar por ele. Ela queria um filho, e apesar da promessa de Deus para o marido dela, Abraão, ela tentou arranjar para que o bebê nascesse por meio de uma substituta, a sua serva Hagar. O filho de Hagar, Ismael, causou muitas tristezas para Sara – mas Deus foi gracioso e finalmente deu a Sara e Abraão um filho, Isaque, que ele havia prometido havia muitos anos. "Deus me encheu de riso, e todos os que souberem disso rirão comigo," disse, finalmente, Sara (Gênesis 21:6).

Ao guiar nossa vontade pela vontade de Deus e seguindo seus comandos podemos desfrutar mais dos poderes de Deus e da alegria em nossa vida. Jesus disse: "Como o Pai me amou, assim eu os amei; permaneçam no meu amor. Se vocês obedecerem aos meus mandamentos, permanecerão no meu amor, assim como tenho obedecido aos mandamentos de meu Pai e em seu amor permaneço. Tenho lhes dito essas palavras para que a minha alegria esteja em vocês e a alegria de vocês seja completa" (João 15:9-11).

Um coração cheio de alegria é um coração que canta louvor e agradece a Deus. Louvando-o multiplica a nossa alegria e aumenta nossa fé. "O louvor é o estopim da fé", diz Kay Arthur em *When Bad Things Happen*. "O louvor faz com que a fé voe alto, onde ela pode pairar acima das forças gravitacionais das preocupações deste mundo. O segredo da fé é a oração contínua mesmo quando seu âmago treme, os lábios apertam, e a decadência entra em seus ossos."[8]

Louvando e agradecendo a Deus – por quem ele é e por tudo que ele fez – irá fazer com que qualquer dia duro melhore. "O Senhor é a minha força e o meu escudo; nele o meu coração confia, e dele recebo ajuda. Meu coração exulta de alegria, e com o meu cântico lhe darei graças" (Salmo 28:7).

Encontrando Força

> *Podem sair, e comam e bebam do melhor que tiverem, e repartam com os que nada têm preparado. Este dia é consagrado ao nosso Senhor. Não se entristeçam, porque a alegria do Senhor os fortalecerá.*
>
> NEEMIAS 8:10

Senhor, estou cansada e exausta. Faça uma infusão de vida, energia e alegria em mim novamente. Eu te agradeço por ser minha força e meu deleite. Não preciso olhar para uma taça de sorvete ou para os elogios de um amigo para me preencher. Tu és minha fonte firme e constante. Tu és aquele que me preenche. Sustente-me, Senhor, com o poder de teu amor para que eu possa viver refrescada e renovada.

Alegria Apesar das Provações

Meus irmãos, considerem motivo de grande alegria o fato de passarem por diversas provações, pois vocês sabem que a prova da sua fé produz perseverança. E a perseverança deve ter ação completa, a fim de que vocês sejam maduros e íntegros, sem lhes faltar coisa alguma. Se algum de vocês tem falta de sabedoria, peça-a a Deus, que a todos dá livremente, de boa vontade; e lhe será concedida.

TIAGO 1:2-5

Senhor, parece estranho considerar as provações como algo bom. Mas oro para meus desafios na vida, esses momentos de teste, me levarem a ter maior perseverança. Que essa perseverança termine seu trabalho para que eu possa amadurecer e ficar completa, no meu caminho para a integridade. Peço por sapiência e pela tua perspectiva enquanto procuro a alegria nos desafios da vida – e nos tempos melhores que irão aparecer em meu caminho.

Alegre na Esperança

Alegrem-se na esperança, sejam pacientes na tribulação, perseverem na oração.

ROMANOS 12:12

Senhor, agradeço por me dar esperança. Não sei aonde eu iria sem ti. Não sei o que o futuro reserva, mas tu me dás a habilidade para ser alegre e esperar – mesmo quando não compreendo. Por favor, me ajude a ter uma atitude positiva e a viver com paciência e coragem enquanto tu trabalhas a tua vontade em minha vida. Ajude-me a me manter com fé na oração, Senhor, e completamente comprometida contigo.

A Alegria de Conhecer Jesus

Devolve-me a alegria da tua salvação e sustenta-me com um espírito pronto a obedecer.

SALMO 51:12

Jesus, conhecer-te me traz alegria! Estou tão feliz por estar salva e em meu caminho para o céu. Obrigada pela vida abundante que tu me deste. Posso sorrir porque sei que tu me amas. Posso ser positiva porque tu tens o poder de curar, restaurar e reviver. Tua presença me traz alegria – só o fato de estar contigo já é um enorme privilégio. Tu és maravilhoso, e me delicio em te conhecer e em falar sobre ti para outras pessoas.

Alegria na Proteção de Deus

Alegrem-se, porém, todos os que se refugiam em ti; cantem sempre de alegria! Estende sobre eles a tua proteção. Em ti exultem os que amam o teu nome.

SALMO 5:11

Senhor, por favor, me proteja. Proteja-me dos meus inimigos – medo e dúvida, preocupação e argumentação. Eu tento solucionar tudo, mas termino sempre confusa e cansada. Deixe-me descansar no conforto de teu amor e na segurança de tua proteção. Aqui, submetendo-me a ti, estou segura e feliz. Espalhe a tua consolação sobre mim enquanto alegro-me em ti. Tu és minha alegria e a minha proteção, Senhor.

Preciso de Mais Alegria

O esplendor e a majestade estão diante dele; força e alegria na sua habitação.

1 CRÔNICAS 16:27

Senhor, sustente meus espírito. Preciso de mais alegria em minha vida. A vida diária e as provações podem ser tão exaustivas; simplesmente não consigo sozinha. Ajude-me a sorrir mais e a curtir a vida novamente. Ajude-me a ter o espírito brincalhão de uma criança novamente – um coração mais leve, Senhor. Encoraje-me para que eu possa abençoar outras pessoas com uma palavra amiga ou com um sorriso. Deixe-me vir à tua morada e encontrar força e alegria para louvar a ti. Em tua presença está a completa alegria.

Alegria Real e Duradoura

Pois o Reino de Deus não é comida nem bebida, mas justiça, paz e alegria no Espírito Santo.

ROMANOS 14:17

Senhor, estou tão cansada de imitações. As pessoas fingem que são algo que não são. A comida é aromatizada com ingredientes artificiais. É difícil de dizer o que é verdade e o que é mentira. Quando o assunto é alegria, quero a verdadeira. Derrames em minha vida tua alegria genuína e duradoura. Preciso mais de ti, Senhor. Oro em nome do Espírito Santo por justiça, paz e alegria. Preencha-me, por favor.

Alegria em Orar pelos Outros

Em todas as minhas orações em favor de vocês, sempre oro com alegria.

FILIPENSES 1:4

Senhor, agradeço pela alegria e pelo privilégio de orar por outras pessoas. Que bênção é ser capaz de interceder, de ficar no desfiladeiro e mover céus e terras por aqueles que amo. Em todas as minhas orações por aqueles que conheço, que eu tenha um coração de alegria. Abençoe minha família e meus amigos, Senhor. Abençoe aqueles que precisam de ti hoje. Que eu encontre satisfação em orar por outras pessoas.

O Deleite da Oração Atendida

Até agora vocês não pediram nada em meu nome. Peçam e receberão, para que a alegria de vocês seja completa.

JOÃO 16:24

Senhor, agradeço pela alegria da oração atendida! Tu és demais. Eu me deleito em ti e te agradeço de todo o coração. Eu pedi e tu concedeste. Recebo o que tu dás, do fundo de meu coração. Senhor, tu és bom. Tu és fiel. Tu és minha alegria e meu deleite. Adoro teu santo nome. Estou sorrindo para ti neste exato momento. Obrigada por encher meu coração com felicidade, Senhor.

Encontrando a Felicidade na Presença de Deus

Tu me fizeste conhecer os caminhos da vida e me encherás de alegria na tua presença.

ATOS 2:28

Senhor, me leve para perto de ti. Em tua presença está a plenitude da alegria – quero ser preenchida. Saber que sou amada por ti me faz feliz; não consigo imaginar uma vida sem ti. Contigo está a luz; sem ti, escuridão. Contigo está o prazer; sem ti, dor. Tu cuidas, tu confortas, tu realmente escutas. Aqui, em tua presença, sou amada, estou renovada e estou muito feliz.

Gozando das Bênçãos do Senhor

Sim, coisas grandiosas fez o Senhor por nós, por isso estamos alegres.

SALMO 126:3

Senhor, agradeço pelo trabalho de tuas mãos. Uma flor do campo, uma paisagem montanhosa, as ondas do oceano batendo nas brancas areias da praia – a beleza da terra revela tua glória. Obrigada pelo sorriso da criança, o toque do amado, o calor de nossa casa. Estou agradecida pelo amor de amigos e pelo trabalho significativo. Tu fizeste grandes coisas por nós, e estamos plenos de alegria. Obrigada por tuas várias bênçãos.

Vivendo Diariamente com Deleite

Vocês sairão em júbilo e serão conduzidos em paz; os montes e colinas irromperão em canto diante de vocês, e todas as árvores do campo baterão palmas.

ISAÍAS 55:12

Senhor, agradeço pelo júbilo que trazes todos os dias. Saindo ou ficando em casa, o júbilo está comigo – porque tu estás lá. Guie-me adiante em paz. Que todas as criações – mesmo as árvores dos campos – louvem a ti da mesma forma que eu louvo. Ajude-me a viver com o coração mais leve e uma atitude positiva, apesar das distrações e tarefas que procuram roubar minha alegria. Escolho a ti. Ajude-me a viver diariamente com teu deleite.

A Obediência Leva à Alegria

Como o Pai me amou, assim eu os amei; permaneçam no meu amor. Se vocês obedecerem aos meus mandamentos, permanecerão no meu amor, assim como tenho obedecido aos mandamentos de meu Pai e em seu amor permaneço. Tenho lhes dito estas palavras para que a minha alegria esteja em vocês e a alegria de vocês seja completa.

JOÃO 15:9-11

Senhor, a Tua Palavra diz que se nós obedecermos aos teus comandos, nós permaneceremos em teu amor. Quero te servir com o coração obediente, e não rebelde. Da mesma forma que Jesus se submeteu a ti, Pai, escolho me submeter a ti também. Fortaleça-me e me dê vontade para tomar decisões corretas, decisões que levem a uma vida melhor e com mais alegria.

Tua Recompensa Virá

Portanto, também nós, uma vez que estamos rodeados por tão grande nuvem de testemunhas, livremo-nos de tudo o que nos atrapalha e do pecado que nos envolve, e corramos com perseverança a corrida que nos é proposta, tendo os olhos fitos em Jesus, autor e consumador da nossa fé. Ele, pela alegria que lhe fora proposta, suportou a cruz, desprezando a vergonha, e assentou-se à direita do trono de Deus. Pensem bem naquele que suportou tal oposição dos pecadores contra si mesmo, para que vocês não se cansem nem desanimem.

HEBREUS 12:1-3

Senhor, algumas vezes me sinto exaurida. Trabalho duro e tento fazer a coisa certa. Mas perco o foco. Ajude-me a fixar meu olhar ao teu poder e não nas minhas circunstâncias. Erga-me e ajude-me a lembrar a alegria da recompensa que está por vir. Oro por perseverança, enquanto considero a alegria do prêmio: serei tua para sempre no céu. Livre de dor, cheia de alegria. Refresque-me com a tua verdade, ó Senhor.

MINHA PAZ

O poder do contentamento

O Senhor te abençoe e te guarde; o Senhor faça resplandecer o seu rosto sobre ti e te conceda graça; o Senhor volte para ti o seu rosto e te dê paz.

NÚMEROS 6:24-26

ENQUANTO ESCREVO isto, está nevando. Na verdade, uma nevasca. Apesar de estarmos apenas no final de outubro, os ventos estão uivando e 35 centímetros de neve estão se amontoando no jardim e na mobília do jardim. No entanto, dentro de casa tudo está calmo – por causa das firmes paredes que me protegem da tempestade. Feliz e com a segurança de uma lareira, estou em paz.

Como uma tempestade de inverno, as tempestades da vida podem ameaçar nosso espaço interno. Uma demissão inesperada ou um relatório médico podem destruir nosso equilíbrio emocional. Um comentário desnecessário de um vizinho ou de um colega de trabalho pode ferir o nosso âmago. Mesmo as tarefas diárias da vida – desde as fraldas e a louça para lavar até acordos e prazos – nos deixam exaustas.

Para a maioria de nós, a vida é atribulada – e a paz que encontramos parece ter vida curta. Existe tanto para se pensar – os filhos, a hipoteca, nossa saúde. Como iremos encontrar tempo para conseguir fazer tudo? Mesmo o contentamento, quando encontramos, é fugaz. Nós conseguimos o trabalho de nossos sonhos, nossos maridos nos surpreendem com férias especiais, nossos filhos adultos finalmente encontram um lugar para morar. Mas como a virada de uma página de calendário, o descontentamento volta.

Por que a paz é tão elusiva? Talvez porque nós nos esquecemos de orar e repor nossa fonte de paz. Nós podemos encontrar um contentamento duradouro em Cristo, apesar de nossas circunstâncias, quando vamos ao encontro daquele que acalma as tempestades. "É no silêncio do coração que Deus fala", dizia Madre Teresa;[9] mas muitas vezes nossos corações não estão quietos nem silenciosos.

A paz raramente vem naturalmente; na maioria das vezes, precisamos aprendê-la. A história real de duas irmãs nos dá um bom exemplo: Maria, Marta e seu irmão Lázaro (sim, o mesmo rapaz que Jesus trouxe dos mortos) viviam na cidade de Betânia. Quando Jesus foi visitá-los, Marta se apressou preparando comida, enquanto Maria aproveitava a oportunidade de se sentar aos pés de Jesus e absorver as palavras esclarecedoras que ele dizia. Naquele dia, Maria fez a escolha mais correta, porque Jesus não estaria entre eles por muito mais tempo. Ela foi inteligente e foi recompensada por isso (você pode ler a história inteira em Lucas 10:38-41).

No entanto, no meio de uma vida louca, nós podemos encontrar um refúgio, um santuário de calmaria interna, nos colocando perto de Deus. Orações poderosas por paz nos elevam enquanto passamos nosso tempo em sua presença, gozando e descansando em sua força. Da mesma forma que a lua tira seu poder e sua luz do sol, nós podemos nos expor ao brilho do filho de Deus e absorver sua verdade. Então seremos mulheres que refletem sua alegria e que iluminam os cantos escuros do mundo ao nosso redor. A paz é possível quando procuramos a fonte da paz através da oração.

Jesus, Príncipe da Paz

> *Porque um menino nos nasceu, um filho nos foi dado, e o governo está sobre os seus ombros. E ele será chamado Maravilhoso Conselheiro, Deus Poderoso, Pai Eterno, Príncipe da Paz.*
>
> ISAÍAS 9:6

Senhor, agradeço por poder ter um espírito calmo – pois tu és o Príncipe da Paz. Teu nome, Jesus, tem a autoridade para fazer o medo e a preocupação fugirem. Teu nome tem poder! Tu és chamado de conselheiro maravilhoso, pois ofereces, de graça, sabedoria e direção. Tu és o Senhor Todo-Poderoso, aquele que criou o mundo inteiro e que mantém tudo funcionando. Meu Pai Eterno, é teu amor e tua compaixão que me sustentam. Meu Príncipe da Paz, eu te adoro e te honro.

Seja uma Pacificadora

Bem-aventurados os pacificadores, pois serão chamados filhos de Deus.

MATEUS 5:9

Senhor, por favor, faça de mim uma ferramenta da tua paz. Em vez do martelo do julgamento, deixe-me trazer o bálsamo do amor. Em vez de amargura e ressentimento, me ajude a esquecer com rapidez. Quando a dúvida desalinhar minhas emoções, nivele-me com fé. Quando eu não conseguir encontrar resposta, deixe-me conhecer a tua esperança maior. Quando eu não conseguir ver o caminho, traga a tua luz para a minha escuridão. Quando eu estiver me sentindo para baixo, traga-me alegria. Senhor, deixe-me receber todas essas coisas para que eu possa consolar aos outros e ser uma pacificadora (inspirada na Oração de São Francisco).

Acalme meu Coração Ansioso

Não andem ansiosos por coisa alguma, mas em tudo, pela oração e súplicas, e com ação de graças, apresentem seus pedidos a Deus. E a paz de Deus, que excede todo o entendimento, guardará o coração e a mente de vocês em Cristo Jesus.

FILIPENSES 4:6,7

Senhor, não quero ser ansiosa com relação a nada, mas sou ansiosa frequentemente. Agradeço a ti por entender. Agora, desobrigo meus fardos e preocupações para ti. Eu te dou meu coração pesado e minhas emoções falhas. Peço que tu me acalmes, apesar de tudo que está acontecendo em minha vida. Enquanto mantenho meus pensamentos, ações e atitudes centradas em Jesus, a tua paz me vem. Agradeço pela tua paz, que se instala em mim mesmo quando não compreendo.

Nós Somos Vencedores

Eu lhes disse essas coisas para que em mim vocês tenham paz. Neste mundo vocês terão aflições; contudo, tenham ânimo! Eu venci o mundo.

JOÃO 16:33

Senhor, nosso mundo está repleto de confusão e dor – abuso, crime e terrorismo que vejo no noticiário; uso de drogas, vício e casos de pornografia que ouço de pessoas que conheço. Algumas vezes parece que é coisa demais para lidar. Estou tão feliz por ter a ti, Senhor. Neste mundo há problemas, mas contigo – sendo ligada a ti – posso ter paz.

Encontrando Contentamento

De fato, a piedade com contentamento é grande fonte de lucro.

1 TIMÓTEO 6:6

Senhor, por favor, ajude-me a encontrar contentamento em ti. Tu não queres ser definido como "coisa" – as coisas que possuo ou o que faço. Que a maior felicidade da minha vida seja conhecer quem tu és e quem sou eu em Cristo. Que eu valorize as coisas simples da vida, essas coisas que me trazem paz. Com a tua graça, descanso segura. Como Maria, escolho me sentar aos teus pés. Tu, Senhor, és a minha satisfação.

A Paz que Traz Vida

O coração em paz dá vida ao corpo, mas a inveja apodrece os ossos.

PROVÉRBIOS 14:30

Senhor, agradeço pela paz que me restaura mental, emocional e fisicamente. É a paz que traz plenitude. Quando meu coração está inquieto, a minha saúde sofre. Mas quando estou em paz, tu restauras todo o meu coração. Posso respirar com mais facilidade, posso relaxar e posso sorrir de novo porque sei que tudo vai ficar bem. Tu estás no controle. Agradeço por tua paz trazer vida.

Uma Vida Pacífica

> ***Pelos reis e por todos os que exercem autoridade, para que tenhamos uma vida tranquila e pacífica, com toda a piedade e dignidade.***
>
> 1 TIMÓTEO 2:2

Senhor, não quero que a paz seja algo esporádico – quero conhecer a paz como modo de vida. Faças de mim uma condutora que traga harmonia e serenidade a todos os meus relacionamentos e interações. Mesmo quando a vida estiver atribulada, quero ser uma pessoa que tira um tempo para ouvir os outros. Acalme o interior de meu coração para que eu possa dar um sorriso ou uma palavra bondosa para outra pessoa e para que, pelas minhas ações, eu possa oferecer paz para eles também.

A Sabedoria da Paz

Mas a sabedoria que vem do alto é antes de tudo pura; depois, pacífica, amável, compreensiva, cheia de misericórdia e de bons frutos, imparcial e sincera. O fruto da justiça semeia-se em paz para os pacificadores.

TIAGO 3:17,18

Senhor, por favor, plante tua sabedoria em mim como se planta uma semente na terra. Cada uma é um presente dos céus. Ajude-me a cultivar cada uma e aprender a seguir a tua maneira. As sementes são puras, amam a paz, são consideradas submissas, cheias de misericórdia e bons frutos, imparciais e sinceras. Que eu seja a pessoa que semeia em paz e cultiva uma colheita de honestidade. Enquanto procuro por Tua Palavra para o crescimento, ensine-me a meditar sobre isso e aplicar o que aprender em minha vida.

Onde a Paz é Encontrada?

Pois o Reino de Deus não é comida nem bebida, mas justiça, paz e alegria no Espírito Santo; aquele que assim serve a Cristo é agradável a Deus e aprovado pelos homens.

ROMANOS 14:17,18

Senhor, todos estão em busca de paz. Alguns viajam para outros países ou tentam filosofias e estilos de vida alternativos para encontrar paz interior. Alguns acham que a comida ou o vinho irá satisfazer o vazio no coração que apenas tu podes preencher. Mas a Tua Palavra nos diz que não é o que comemos ou bebemos que nos dá a satisfação duradoura. Que eu encontre paz e alegria em teu Espírito Santo, Senhor. Conhecendo-te, te amando e experimentando a verdadeira paz. Obrigada, Senhor.

Uma Bênção de Paz

O Senhor te abençoe e te guarde; o Senhor faça resplandecer o seu rosto sobre ti e te conceda graça; o Senhor volte para ti o seu rosto e te dê paz.

NÚMEROS 6:24-26

Senhor, há muito tempo tu disseste para Moisés que Aarão e seus filhos abençoassem os israelitas com essas palavras. Peço que tu me abençoes com paz enquanto oro. Vire-se para mim e deixe que teu amor e a tua misericórdia me iluminem, para que eu possa ser uma luz que ilumine o caminho para outras pessoas.

Foque em Deus, Não nas Circunstâncias

Tu, Senhor, guardarás em perfeita paz aquele cujo propósito está firme, porque em ti confia.

ISAÍAS 26:3

Senhor, por tantas vezes parece que há um ladrão tentando roubar minha paz. Minhas circunstâncias podem ser exaustivas – e elas me abalam. Não quero ter a minha felicidade e a minha estabilidade emocional roubadas. Peço que tu me mantenhas na mais perfeita paz enquanto escolho me voltar para ti, em vez de me voltar para meus problemas. Faças com que minha mente fique firme, e não que se precipite. Faças com que meu coração confie que tu irás olhar por mim.

Paz como um Rio

Se tão somente você tivesse prestado atenção às minhas ordens, sua paz seria como um rio, sua retidão, como as ondas do mar.

ISAÍAS 48:18

Senhor, preciso que o teu rio da vida flua por mim hoje. Lave minhas preocupações e me ajude a seguir enquanto aprendo a "ir com a corrente" da tua vontade. Acalme meu coração inquieto com a grandiosidade da tua criação. Posso me imaginar andando pela areia de uma praia, com a névoa do oceano e o ritmo das ondas revelando o teu esplendor. Aprecio tudo o que tu criaste. Agradeço pela paz que a tua criação traz.

Aprendendo à Maneira da Paz

Não caluniem ninguém, sejam pacíficos, amáveis e mostrem sempre verdadeira mansidão para com todos os homens.

TITO 3:2

Senhor, estou tão agradecida por tu estares me ajudando a me tornar uma pessoa que anda em paz. Guie-me à tua maneira para que eu possa viver em harmonia e para que eu seja um exemplo positivo para outras pessoas. Não quero diminuir ninguém; quero fazê-los crescer. Não quero começar brigas ou censurar as pessoas; quero levar felicidade para elas. Perdoe-me se eu fui orgulhosa e arrogante; ensine-me, Senhor, a ser humilde.

Não da Forma que o Mundo Dá

Deixo-lhes a paz; a minha paz lhes dou. Não a dou como o mundo a dá. Não se perturbe o seu coração, nem tenham medo.

JOÃO 14:27

Senhor, a tua paz não é igual a nada que o mundo oferece. Não preciso fazer um upgrade para um novo modelo todo ano – não existe "Paz 5.0" para ser feito um download. Tenho a única versão de que preciso quando possuo a tua paz, seja ela a tranquilidade serena, um sossego calmo ou o conhecimento profundo de que tudo ficará bem. Valorizo o meu direito de estar ao teu lado e a harmonia que isso traz aos meus relacionamentos. A tua paz é real, nunca será levada embora.

Meus medos

O poder da fé

A coragem é o medo que já fez suas preces.

Jill Briscow

Fiquei apavorada a primeira vez em que dirigi um carro na Inglaterra. De repente, tinha que colocar de lado tudo o que havia aprendido sobre o lado direito e esquerdo da rua. Nos Estados Unidos, nós dirigimos pela direita – mas naquele país a esquerda é a direita. Tudo é ao contrário.

A sensação de que outros carros iriam bater em mim me fez dirigir mais devagar que o normal. Ou melhor, até que meu cunhado me dissesse firmemente: "Acalme seus nervos e pise fundo!" Eu estava com medo, mas fiz o que ele pedia, orando em silêncio: "Senhor, ajude-me a fazer isso." Finalmente concluímos nossa jornada em segurança, até nosso destino, e senti uma sensação maravilhosa de dever cumprido. Com a ajuda do Senhor, havia encarado e conquistado meu medo.

O medo tem muitas fontes. Quando nossa segurança é ameaçada, certamente ficamos com medo porque não sabemos o que irá acontecer. Nossos corpos são equipados com um alarme interno que apita quando "algo não está certo para nos proteger do perigo". Mas precisamos de sabedoria para discernir o medo real do falso. Se por acaso ouvimos um barulho no meio da noite com o qual não estamos familiarizados, provavelmente teremos medo. Mas uma vez descoberto que é apenas o vento que está fazendo com que os galhos das árvores batam na janela, nossa mente pode descansar novamente.

A lista de medos é interminável. Melanie não quer viajar porque tem medo de avião. Sandra tem medo que seu filho se machuque jogando futebol. La Trisha remonta várias perdas e medos de ficar sozinha para o resto da vida. Muitas pessoas temem o que outras pessoas pensam delas. Algumas outras têm medo de cometer erros. Do medo do escuro ao de falar em público, isso não precisa ser dessa forma.

Quando o Senhor chamou Moisés para que libertasse os israelitas da escravidão do Egito, o antigo pastor estava terrivelmente amedrontado. Moisés se sentia desqualificado para o trabalho, mas Deus disse para ele: "Mas eu o mantive em pé exatamente com este propósito: *mostrar-lhe o meu poder* e fazer que o meu nome seja proclamado em toda a terra" (Êxodo 9:16). Quando tememos não sermos bons o suficiente, estamos olhando unicamente para nossas habilidades limitadas em vez de olhar para o poder e os recursos ilimitados de Deus.

A oração começa a ter efeito sobre nossos medos quando os enviamos para Deus e pedimos por um coração de fé. O que nos leva a esse ponto? A confiança. A fé e a confiança ultrapassam o medo quando descobrimos a profundidade do amor do coração de Deus – e acreditamos que ele não é apenas capaz, mas mais do que capaz, de nos ajudar em nossos momentos de necessidade. Como o apóstolo Paulo escreveu: "Por essa causa também sofro, mas não me envergonho, porque sei em quem tenho crido e estou bem certo de que ele é poderoso para guardar o que lhe confiei até aquele dia" (2 Timóteo 1:12).

Sem Dúvida

Peça-a, porém, com fé, sem duvidar, pois aquele que duvida é semelhante à onda do mar, levada e agitada pelo vento.

TIAGO 1:6

Senhor, resgate-me do meu mar de dúvidas e medos. Tenho vivido com incerteza e suspeita por tempo demais. Não quero ser como um oceano que é jogado de um lado para o outro com o vento. Peço que tu aquietes minhas emoções intempestivas e me ajude a acreditar que tu tomarás conta de mim. Quando eu estiver tentada a ser cínica, ajude-me a escolher sair do meu medo e ficar mais perto da fé.

Segurança no Perigo

Pois no dia da adversidade ele me guardará protegido em sua habitação; no seu tabernáculo me esconderá e me porá em segurança sobre um rochedo.

SALMO 27:5

Senhor, preciso de tua proteção. Mantenha-me segura em tua casa. Esconda-me de meus inimigos em teu abrigo seguro. Conforte-me com teu cobertor quente de paz e amor. Estou segura contigo e sob a tua proteção – em tua presença – posso ir de medrosa para corajosa, de tímida para confiante. Aqui, Senhor, estou a salvo de perigo.

Luz na Minha Escuridão

O Senhor é a minha luz e a minha salvação; de quem terei temor? O Senhor é o meu forte refúgio; de quem terei medo?

SALMO 27:1

Senhor, com frequência tenho medo. No escuro, há momentos desafiadores da minha vida nos quais não consigo ver o caminho. Não sei o que fazer ou para onde ir. Mas tu és luz! Eu te agradeço por poderes enxergar no escuro – a escuridão para ti é como a luz – então não preciso ter medo. Quando meus inimigos tentam arruinar minha vida, eles não têm chance alguma. Senhor, tu me salvas. Não importa o que aconteça, sempre terei confiança em ti.

Sem Medo no Amor

No amor não há medo; ao contrário, o perfeito amor expulsa o medo, porque o medo supõe castigo. Aquele que tem medo não está aperfeiçoado no amor.

1 JOÃO 4:18

Senhor, agradeço, pois teu grande amor conquista o medo! Posso amar as pessoas livremente porque tu vives em mim. Revelar a mim mesmo não precisa ser amedrontador. Não preciso ter medo da rejeição. Posso ser aceita ou não, mas de qualquer uma das formas posso ter amor com confiança, pois o teu amor perfeito repele o medo. Dê-me coragem para viver a vida do amor.

Deus lhe Dá Força

Por isso não tema, pois estou com você; não tenha medo, pois sou o seu Deus. Eu o fortalecerei e o ajudarei; eu o segurarei com a minha mão direita vitoriosa.

ISAÍAS 41:10

Senhor, preciso da tua força em mim. Mais forte que o aço, o teu caráter é tão sólido que não preciso ter medo. Tu estás comigo – e isso significa tudo. Posso ter alegria por causa da tua alegria em mim. Com a tua divina mão direita me ajudas, me entregas e me sustentas. No momento em que tu seguras a minha mão e dizes "Não tenha medo, eu irei lhe ajudar", sorrio em gratidão e agradeço.

Poder, Amor e Autodisciplina

Pois Deus não nos deu espírito de covardia, mas de poder, de amor e de equilíbrio.

2 TIMÓTEO 1:7

Senhor, tu me dás muitos presentes bons – mas sei que o medo não é um deles. O medo não vem de ti. Graciosamente, tu me forneceste um espírito de poder, amor e autodisciplina – poder para fazer a tua vontade, poder para amar os outros (mesmo quando não sinto vontade) e poder para me disciplinar a pensar nas coisas que me conduzem para a fé em vez do medo.

Não Tenha Medo do Homem

Quem teme o homem cai em armadilhas, mas quem confia no Senhor está seguro.

PROVÉRBIOS 29:25

Senhor, procurei a aprovação dos homens por muito tempo. Isso é uma cilada, uma armadilha para as minhas emoções. Anseio pela aceitação das outras pessoas – e fico desapontada com mais frequência. Meus medos ficaram no caminho. Perdoe-me, Senhor. Quero confiar em ti. Mantenha-me segura e liberte-me dessa fome por aprovação humana. Traga-me para a liberdade de tua graça.

Deus Irá Salvar Você

Fortaleçam as mãos cansadas, firmem os joelhos vacilantes; digam aos desanimados de coração: "Sejam fortes, não temam! Seu Deus virá, virá com vingança; com divina retribuição virá para salvá-los."

ISAÍAS 35:3,4

Senhor, equilibre-me. Fortaleça o músculo emocional do meu coração para que eu não me sinta amedrontada o tempo todo. Quero ser mais forte. Quero ter mais fé. Escolho acreditar naquele que sabe sobre tudo e que tem o poder de mudar corações e mentes. Meu Deus virá. Meu Deus me salvará e cuidará daqueles que me machucaram. Espero e oro pela tua justiça, Senhor.

Deus é Mais do que Capaz

Por essa causa também sofro, mas não me envergonho, porque sei em quem tenho crido e estou bem certo de que ele é poderoso para guardar o que lhe confiei até aquele dia.

2 TIMÓTEO 1:12

Senhor, sou tão grata por te conhecer – e estou aprendendo cada dia mais sobre o teu caráter. Tu és divino, soberano, honesto e justo. Tu és amoroso e leal, e és sempre bondoso. Uma vez que conheço aquele em quem acredito e tenho a forte convicção de que ele está disposto e é capaz de me ajudar, posso ter mais paz. Tu queres me ajudar! Meu Deus irá cuidar de mim. Obrigada, Senhor.

Deus Está Pronto para Conquistar o Medo

Mas eu o mantive em pé exatamente com este propósito: mostrar-lhe o meu poder e fazer com que o meu nome seja proclamado em toda a terra.

ÊXODO 9:16

Senhor, tu nunca cedes à derrota. Tu és um forte conquistador do pecado e do mal. Preciso da tua autoridade e influência para retirar o medo à força da minha vida. Tu chamaste Moisés para liderar os israelitas da escravidão para a liberdade. Liberte-me da minha própria servidão para andar em liberdade e paz. Mostre teu poder em minha vida e deixe que teu nome seja elevado. Tu ficas com os créditos, Senhor – deixe que todos saibam o que tu fizeste para me transformar.

Sem Medo da Desgraça

Não tenha medo; você não sofrerá vergonha. Não tema o constrangimento; você não será humilhada. Você esquecerá a vergonha de sua juventude e não se lembrará mais da humilhação de sua viuvez. Pois o seu Criador é o seu marido, o Senhor dos Exércitos é o seu nome, o Santo de Israel é seu Redentor; ele é chamado o Deus de toda a terra.

ISAÍAS 54:4,5

Senhor, é difícil admitir isso, mas algumas vezes me sinto tão humilhada. Outras pessoas me causaram tanta dor.

Pela minha vergonha e embaraço, Senhor, ajude-me a sarar. Não devo ficar com medo do que as outras pessoas pensam – ou mesmo do que penso de mim mesma. Sei que tu sabes tudo e vês tudo, e ainda assim tu me amas. Perdoe-me, Senhor, e me ajude a perdoar as pessoas que me machucaram. Curvo-me humildemente diante de ti e peço por tua cura.

Liberdade do Medo

Pois vocês não receberam um espírito que os escravize para novamente temerem, mas receberam o Espírito que os adota como filhos, por meio do qual clamamos: Aba, Pai.

ROMANOS 8:15

Senhor, peço em nome de Jesus que tu me livres do medo. Deixes que a dúvida desapareça! Deixes o cinismo sumir! Em vez de um espírito que me faça novamente escrava do medo, recebi o espírito da filiação. ABA, Pai, resgate-me do terror, do pavor e da antecipação temerosa das coisas que me assustam. Não posso fazer isso sozinha. Liberte-me, Senhor, para a tua liberdade e paz.

Acalme a Minha Ansiedade

Quando a ansiedade já me dominava no íntimo, o teu consolo trouxe alívio à minha alma.

SALMO 94:19

Senhor, posso sentir a ansiedade crescendo dentro de mim como o mercúrio de um termômetro no mês de janeiro. Acalme meu nervosismo e minhas preocupações. Console-me com a tua verdade que leva impiedosamente e traz paz que não podemos compreender. Não é por conta de nada que eu faça, pois não posso fazer o estresse ir embora. Pelo teu poder, Senhor, traga alegria para a minha alma novamente – e me deixe ficar em paz.

Deus é Seu Conforto

> *Restaura-me o vigor. Guia-me nas veredas da justiça por amor do seu nome. Mesmo quando eu andar por um vale de trevas e morte, não temerei perigo algum, pois tu estás comigo; a tua vara e o teu cajado me protegem.*
>
> SALMO 23:3,4

Senhor, não existe ninguém igual a ti. Quando estou triste, tu és o meu conforto. A tua presença tranquila restaura minha alma. Tuas Palavras são como água fresca para a minha alma. Apesar da minha confusão, tu me guias por caminhos de integridade, e é tudo por tua glória. Mesmo quando sinto que estou perdida em um vale escuro, não terei medo – pois tu estás comigo. A tua força gentil e a tua autoridade divina me confortam.

Meu trabalho

O poder da influência

Para isso eu me esforço, lutando conforme a sua força, que atua poderosamente em mim.

Colossenses 1:29

Não existe um único perfil para a mulher trabalhadora de hoje em dia. Laurie ensina a maior parte de seus sete filhos em casa. Cindy é uma mãe que fica em casa e comuta meio período ao seu escritório no centro da cidade, enquanto Nancy viaja para cidades diferentes a cada semana para o seu trabalho corporativo. Judy, uma mulher solteira, trabalha como capelã em um hospital, e Anne se demitiu do emprego há um ano para cuidar de seu pai de 80 anos.

Se o nosso trabalho nos faz andar uma quadra ou por toda a nação, podemos nos tornar mulheres influentes nos transformando em mulheres de oração. "A influência não tem a ver com o poder e com conseguir o que queremos", diz Judith Couchman em *Designing a Woman's Life*.

"Tem a ver com a servidão e com dar o nosso melhor para os outros, seja qual for a nossa posição na vida."[10] Dez orações poderosas e de efeito fazem diferença quando nos juntamos a Deus para terminar o seu trabalho. Com o coração servil, podemos construir pontes de relacionamento e ser testemunhas do amor de Deus e do poder salvador para aqueles com os quais interagimos.

Qualquer que seja o nosso status na vida, podemos orar com força enquanto intercedemos persistentemente por outras pessoas. Devemos nos manter nisso, como faríamos com nosso trabalho. "A falta de persistência é uma das maiores causas da derrota, especialmente na oração", escreve Dutch Sheets em *Intercessory Prayer*. "Nós não esperamos bem. Estamos colocando no micro-ondas; Deus, por sua parte, está marinando."[11]

A oração como prioridade irá nos ajudar a fazer malabarismos com os múltiplos, e muitas vezes conflitantes, deveres do trabalho, casa, marido, filhos, amigos, ministério, e, sim, nós mesmas. Em *Space for God*, Don Postema diz: "Eu costumava escrever '7–7:30 da manhã – Oração' em minha agenda diária. Mas muitas vezes deixava esse horário passar. Era mais uma coisa para pular naquele dia. Agora escrevo '7–7:30 da manhã – Deus'. De alguma forma isso é mais difícil de negligenciar."[12]

Quando oramos, pedindo que Deus nos centralize nele e nos propósitos dele, achamos o balanço de que precisamos entre nossa vida e nosso trabalho. Podemos pedir por direcionamento e energia em determinadas prioridades. Podemos elevar pedidos por uma atitude positiva e de grande auxílio no trabalho e interceder por colegas de trabalho em conflito. Podemos orar pela habilidade e pelo desejo de servir com excelência, seja trabalhando em casa ou na rua. E podemos agradecer a Deus pelo trabalho que temos – pela habilidade de moldar e influenciar vidas, seja a de nossos filhos, de nossos colegas ou de nossos clientes.

Obrigada pelo meu Emprego

Como é bom render graças ao Senhor e cantar louvores ao teu nome, ó Altíssimo.

SALMO 92:1

Senhor, louvo a ti e te agradeço pelo meu emprego. Tu estás repleto de bondade e graça. Meu emprego me dá a habilidade de moldar vidas e influenciar pessoas de forma positiva todos os dias, seja tirando tempo para momentos de ensino com meus filhos ou sendo um ombro amigo para um colega de trabalho. Obrigada pelo meu emprego e pela habilidade de ser uma "missionária" onde quer que os meus pés toquem. Tempere minhas palavras para que as outras pessoas possam sentir o gosto e ver que o meu Senhor é bom.

A Vontade de Deus para Minha Vida no Trabalho

"Porque sou eu que conheço os planos que tenho para vocês", diz o Senhor, "planos de fazê-los prosperar e não de lhes causar dano, planos de dar-lhes esperança e um futuro".

JEREMIAS 29:11

Senhor, preciso de sabedoria e direcionamento na minha vida como trabalhadora. Por favor, me mostre se essa é a vocação na qual eu deveria estar agora ou se eu deveria mudar e procurar um novo emprego. Quero usar minhas habilidades e destreza, assim como os meus interesses, pela tua glória. Quando me sinto subutilizada, rogo por algo mais. Revele para mim onde eu posso servir melhor na estação vindoura da minha vida.

Alcançando os Outros

A boca do justo é fonte de vida, mas a boca dos ímpios abriga a violência.

PROVÉRBIOS 10:11

Senhor, quero ser uma mulher influente. Sei que não tem a ver com poder ou em me fazer parecer melhor – tem a ver com dar e delegar para outros. Ajude-me a testemunhar as tuas bondades em minha vida. Ensine-me a fazer a diferença em meu local de trabalho a cada dia – mesmo com uma palavra bondosa ou um sorriso para alguém que esteja precisando. Proporcione oportunidades de dividir o teu amor e ajude-me a saber exatamente o que dizer quando esse momento chegar.

Trabalhando com Excelência

> *Consagre ao Senhor tudo o que você faz, e os seus planos serão bem-sucedidos.*
>
> PROVÉRBIOS 16:3

Senhor, tu me dás trabalho para ser feito diariamente. Seja em casa ou no supermercado, ajude-me a te honrar em minhas tentativas. Não quero me satisfazer com mediocridade. Peço que tu me fortaleças para que eu faça um trabalho superior e traga glória a teu nome. Ajude-me a não ser alguém sempre ligada ao relógio ou alguém que desperdice tempo, mas que encontre satisfação nas tarefas diante de mim. Ajude-me a ser uma mulher de excelência, integridade e de boas ideias no meu local de trabalho.

Relacionando-se Bem com os Colegas de Trabalho

> *Como é bom e agradável quando os irmãos convivem em união!*
>
> SALMO 133:1

Senhor, te agradeço pelas pessoas com as quais trabalho e passo meu tempo diariamente. Ajude-nos a nutrir um ambiente de paz e harmonia. Quando as pessoas se dão bem, é algo bom! Dê-nos respeito uns pelos outros e paciência para lidar com desentendimentos. Mesmo quando todos estiverem ocupados, ajude-nos a ter mais conectividade e união para que possamos ser mais eficientes e encontrar mais alegria em nosso trabalho. Senhor, por favor, abençoe a mim e aos meus colegas de trabalho.

Respondendo Bem a Críticas

O insensato revela de imediato o seu aborrecimento, mas o homem prudente ignora o insulto. A testemunha fiel dá testemunho honesto, mas a testemunha falsa conta mentiras. Há palavras que ferem como espada, mas a língua dos sábios traz a cura.

PROVÉRBIOS 12:16-18

Senhor, não gosto de ser criticada. Peço por calma de espírito quando outros fazem observações ácidas. Por favor, me dê insight para saber se o que é dito é a verdade – e se preciso fazer mudanças em minha vida. Se não, Senhor, peço que tu cures meu coração dessas farpas verbais. Por favor, me dê paciência e discernimento para me manter calma e não censurar os outros em retaliação. Por favor, carregue nosso relacionamento por meio dessa crítica.

Bênçãos do seu Trabalho Duro

> *Pois o Senhor, o seu Deus, os abençoará em toda a sua colheita e em todo o trabalho de suas mãos, e a sua alegria será completa.*
>
> DEUTERONÔMIO 16:15

Senhor, peço que tu abençoes o meu trabalho árduo. Enquanto eu estiver sentada no computador, ou lavando as roupas, ou ensinando uma turma de crianças, que o meu trabalho seja significativo e carregue bons frutos. Oro por um espírito de alegria durante o dia, enquanto trato de meus negócios. Oro por uma atitude alegre e um coração servil e disposto. Dedico minha vida de trabalho para ti, Senhor, pelos teus bons propósitos e bênçãos.

Diminuindo o Estresse

> *Não andem ansiosos por coisa alguma, mas em tudo, pela oração e súplicas, e com ação de graças, apresentem seus pedidos a Deus.*
>
> FILIPENSES 4:6

Senhor, tenho tanto a fazer – por favor, ajude-me! Prazos e detalhes agitam-se em torno de mim como um enxame de abelhas. Sinto uma pressão intensa vinda da minha carga pesada de trabalho. Ajude-me a fazer o que tem que ser feito a cada dia para que eu possa parar de me preocupar e descansar bem à noite. Dou a ti a minha ansiedade e o meu estresse – liberto todos para ti, Senhor. Uma vez que a tua paz me cubra, a paz que passa toda a compreensão, que ela guarde meu coração e minha mente em Jesus Cristo. Descanso no conforto de teu amor.

Balanceando o Trabalho e a Vida

Acaso busco eu agora a aprovação dos homens ou a de Deus? Ou estou tentando agradar a homens? Se eu ainda estivesse procurando agradar a homens, não seria servo de Cristo.

GÁLATAS 1:10

Senhor, todo dia é um ato de malabarismo entre meu trabalho, lar, marido, filhos, ministério e amigos. Raramente tenho tempo para mim mesma – apenas para estar contigo, ou mesmo para me lembrar de quem sou. Ensine-me a me centrar em ti, Senhor, e a manter o meu foco. Não posso agradar a todos, e realmente, tu nunca me pediste isso. Tu és aquele que procuro agradar. Seja o núcleo de meu coração, o centro estável que move a roda da minha vida para frente.

Estilo Servil de Liderança

Não será assim entre vocês. Ao contrário, quem quiser tornar-se importante entre vocês deverá ser servo, e quem quiser ser o primeiro deverá ser escravo; como o Filho do homem, que não veio para ser servido, mas para servir e dar a sua vida em resgate por muitos.

MATEUS 20:26-28

Senhor, ensine-me a ser líder sendo uma serva. Teus caminhos são tão diferentes dos caminhos deste mundo. Por mais estranho que possa parecer, tu dizes que "quem quiser ser grande entre os outros deve ser seu servo". Ajude-me a ser mais como Cristo, já que ele não veio para ser servido, mas para servir. Remova o orgulho, o egoísmo e a arrogância da minha vida – e me forneça, Senhor, humildade e um coração que serve.

O Valor da Maternidade

A mulher sábia edifica a sua casa, mas com as próprias mãos a insensata derruba a sua.

PROVÉRBIOS 14:1

Senhor, agradeço, pois tu valorizas o chamado da maternidade. Enquanto trabalho para servir minha família e edificar nossa casa em um lar, oro por sabedoria, resistência, energia e alegria. Ajude-me a saber que criar filhos é uma alta e significativa honra. Não quero estar em um escritório para ser significativa. Obrigada pelo privilégio de construir valores duradouros e fortes em meus filhos.

Uma Boa Atitude

Eu lhes disse essas coisas para que em mim vocês tenham paz. Neste mundo vocês terão aflições; contudo, tenham ânimo! Eu venci o mundo.

JOÃO 16:33

Senhor, elevo a ti a minha atitude no trabalho. Enquanto passo meu dia, que eu tenha uma visão positiva e um espírito útil. Ajude-me a ser animadora e solidária para com os outros. Em meio a toda a atividade – e algumas vezes o caos –, que meu coração fique em paz enquanto o Espírito Santo me fortalece e me autoriza. Seja o senhor das minhas emoções enquanto procuro te servir em minha vocação.

Fique Contente

Não estou dizendo isso porque esteja necessitado, pois aprendi a adaptar-me a toda e qualquer circunstância. Sei o que é passar necessidade e sei o que é ter fartura. Aprendi o segredo de viver contente em toda e qualquer situação, seja bem alimentado, seja com fome, tendo muito, ou passando necessidade.

FILIPENSES 4:11,12

Senhor, frequentemente penso o que seria e sonho com um futuro melhor. Algumas vezes, no entanto, meus pensamentos ficam presos ao passado, presos em decepções e arrependimento. Por favor, ajude-me a ficar contente com o hoje, a viver este momento, não importando quais sejam minhas atuais circunstâncias. Em cada situação, que eu ore para ti por paz. Acalme as tempestades em meu coração para que, estando eu parada ou em movimento, possa encontrar a tua serenidade e força.

Quem é o Chefe?

Em Deus eu confio, e não temerei. Que poderá fazer-me o homem? Cumprirei os votos que te fiz, ó Deus; a ti apresentarei minhas ofertas de gratidão.

SALMO 56:11,12

Senhor, oro por uma mentalidade correta com a pessoa para quem trabalho. Ajude-me a me submeter à autoridade dela e a trabalhar com integridade e honestidade. Ainda assim, enquanto eu conversar com alguém em meu trabalho, que eu tenha a firme convicção de que tu és minha maior autoridade. Minha confiança final é em ti, Senhor, não em qualquer homem ou mulher. Enquanto falo contigo todos os dias por orientação, ajude-me a te servir bem.

Minhas finanças

O poder da administração sábia

Seu divino poder nos deu tudo de que necessitamos para a vida e para a piedade, por meio do pleno conhecimento daquele que nos chamou para a sua própria glória e virtude.

1 Pedro 1:3

Diane ama comprar. Ela brinca que nasceu com um cartão de crédito na mão – e o usa frequentemente no shopping. O marido dela, Ben, é o completo oposto. Ele não compra nada a não ser que esteja em promoção, e contabiliza minuciosamente cada centavo que gasta. Ben e Diane amam a Deus e um ao outro, mas brigam constantemente por causa de dinheiro.

Estejamos casadas, solteiras, viúvas ou divorciadas, sejamos mão fechada ou mão aberta, cada uma de nós precisa orar com força por sabedoria financeira. Se Deus é capaz de emendar nossos ossos quebrados e corações partidos – e ele é – ele também é capaz de consertar nossas finanças.

A Palavra de Deus tem muito a nos ensinar sobre dinheiro e finanças – de fato, existem mais de 200 versículos na Bíblia que se referem ao dinheiro. Claramente, a nossa forma de lidar com o dinheiro – ou de administrá-lo – é importante para Deus querer que nós perseveremos em nossa vida de oração. Deus sempre responde nossas orações. Algumas vezes ele o faz de formas bem inesperadas.

Quando Sue foi aceita na faculdade, começou a duvidar se teria condições de pagar. Sue orou, dizendo: "Deus, se isso é realmente o que você quer para mim, então preciso de um sinal. Acho que preciso de cinco mil dólares." Alguns dias depois, ela recebeu um cheque pelo correio com o valor exato. Era de seu avô, que disse ter tido uma sensação forte de que deveria mandar o dinheiro, naquele valor, naquela semana em particular. Agora, sempre que dúvidas afloram em outras áreas de sua vida, Sue se lembra da lealdade de Deus por meio dessa bênção.

Deus permite que alguns recebam ajuda e que outros deem. Lídia era uma mulher rica que Deus usou para seus bons propósitos. Ela era uma "vendedora de tecido púrpura" em Filiou que ouviu a mensagem do apóstolo Paulo sobre Jesus e a respondeu. Lídia e sua família foram batizadas e ela generosamente abriu as portas de sua casa para Paulo e seus acompanhantes (Atos 16:14,15).

Enquanto lemos versículos-chave sobre assuntos financeiros, nos tornamos bem equipadas para fazer orações visando a um alvo que irá nos ajudar a controlar nossos gastos, poupar para o futuro, sair da dívida e encontrar contentamento e equilíbrio. O poder das orações nos faz doadoras generosas e muda a nossa atitude em relação às coisas. Enquanto passamos o tempo louvando a Deus, nos preocupamos menos e confiamos mais nele.

A Perspectiva Bíblica sobre o Dinheiro

O que se requer destes encarregados é que sejam fiéis.

1 CORÍNTIOS 4:2

Senhor, agradeço pelos recursos financeiros com os quais tu me abençoaste. Quero ser uma boa administradora, uma gerente sábia, dos recursos que tu me confiaste. Ajude-me a poupar e gastar com discernimento e a dar para os outros que necessitam. Ajude-me a encontrar equilíbrio – a não acumular nem gastar sem controle. Dê-me uma visão divina do dinheiro e de como usá-lo de forma a te honrar.

Gastando Sabiamente

Pois o amor ao dinheiro é a raiz de todos os males. Algumas pessoas, por cobiçarem o dinheiro, desviaram-se da fé e se atormentaram com muitos sofrimentos.

1 TIMÓTEO 6:10

Senhor, tu és aquele que dá sabedoria – e peço que tu me dês o discernimento de que preciso para gastar dinheiro com sensatez. Preciso de dinheiro para pagar minhas contas e honrar minhas obrigações. Sei, por meio da Tua

Palavra, que o dinheiro por si só não é um mal; é o amor pelo dinheiro – a cobiça – que faz nos afastarmos da fé. Ajude-me a gastar o dinheiro que tu me forneceste de forma não autoindulgente, mas com bom julgamento.

Poupando e Investindo

> *Na casa do sábio há comida e azeite armazenados, mas o tolo devora tudo o que pode.*
>
> PROVÉRBIOS 21:20

Senhor, oro para que tu me dês um conselho financeiro sábio. Quando eu procurar, me ajude a encontrar uma fonte segura que possa me orientar sobre se é melhor investir ou poupar meus recursos. Por favor, doe para minhas necessidades hoje e me ajude a poupar para o futuro. Ajude-me a ser responsável com as minhas contas enquanto confio em ti como meu provedor.

Alegria em Doar

> *Cada um dê conforme determinou em seu coração, não com pesar ou por obrigação, pois Deus ama quem dá com alegria.*
>
> 2 CORÍNTIOS 9:7

Senhor, agradeço tuas bênçãos. Tenha eu muito ou pouco, quero ser uma doadora feliz. Desejo doar com um coração pleno que serve, e não relutante ou reclamando. Anseio em ver o meu dinheiro usado de forma a abençoar outros – por meio do dízimo na Igreja, doando para organizações missionárias ou ajudando os necessitados. Escolho dar em qualquer nível que eu puder – e peço que tu abençoes isso.

Honestidade e Confiança

A resposta sincera é como beijo nos lábios.

PROVÉRBIOS 24:26

Senhor, ajude-me a ser honesta e a falar sobre minhas finanças – meu salário, minha poupança, meus débitos, meus empréstimos e meus impostos – com o homem com quem divido minha vida. Em todos os momentos que lidarmos com dinheiro, ajude-nos a ter integridade. Senhor, honre nosso desejo de sermos leais e confiáveis em nossas palavras e ações um com o outro. Dê-nos o poder de sermos pessoas que mantêm a palavra, pessoas que são corretas em todos os assuntos financeiros.

Melhor Comunicação sobre Finanças

Mulheres, sujeitem-se cada uma a seu marido, como convém a quem está no Senhor. Maridos, amem cada um a sua mulher e não a tratem com amargura.

COLOSSENSES 3:18,19

Senhor, estou cansada de discutir sobre dinheiro. Por favor, dê para meu marido e para mim a habilidade de nos comunicarmos melhor nessa área de nossa vida. Ajude-nos a conversar com integridade e a ouvir com respeito e compreensão. Ajude-nos a fazer que nossas palavras sejam gentis, não duras, enquanto procuramos priorizar e encontrar a organização de nossas finanças. Mesmo quando não concordarmos, ajude-nos a enxergar o ponto de vista do outro e encontrar melhores meios de resolver nossos conflitos.

Lidando com a Dívida

Eu clamo pelo Senhor na minha angústia, e ele me responde.

SALMO 120:1

Senhor, preciso de ajuda. Minha dívida está se amontoando cada vez mais; está saindo do controle. Por favor, mostre-me formas criativas de pagá-la, e ajude-me a poupar e gastar com sabedoria. Peço por recursos para pagar meus cartões de crédito, empréstimos e outras dívidas. Mostre-me onde posso cortar gastos para que eu possa ter mais fundos disponíveis. Senhor, por favor, limpe essa bagunça que criei. Revele-me as formas pelas quais posso aprender com isso e começar novamente.

Ajuda para uma Atitude Materialista

Conservem-se livres do amor ao dinheiro e contentem-se com o que vocês têm, porque Deus mesmo disse: "Nunca o deixarei, nunca o abandonarei."

HEBREUS 13:5

Senhor, por vezes sou tão afetada por este mundo – me sinto tentada a querer o que os outros possuem ou anseio por coisas que vejo na televisão. Mude minha atitude, Senhor. Ajude-me a entender que comprar mais "coisas" não necessariamente me torna mais feliz. Estar preenchida por ti traz o real contentamento. Ensine-me a alegria e a satisfação duradoura que vêm de olhar apenas para ti, Senhor.

Deus Irá Prover

Portanto, eu lhes digo: não se preocupem com sua própria vida, quanto ao que comer ou beber; nem com seu próprio corpo, quanto ao que vestir. Não é a vida mais importante que a comida, e o corpo mais importante que a roupa? Observem as aves do céu: não semeiam nem colhem nem armazenam em celeiros; contudo, o Pai celestial as alimenta. Não têm vocês muito mais valor do que elas? Quem de vocês, por mais que se preocupe, pode acrescentar uma hora que seja à sua vida?

MATEUS 6:25-27

Senhor, agradeço por tu proveres para as minhas necessidades. Eu te dou todas as minhas preocupações e medos – aqueles pensamentos persistentes sobre faltar dinheiro para roupas, comida e o básico da vida. Tu alimentas os pardais nos campos, Senhor – irá certamente ajudar a mim e a minha família. Teus recursos são ilimitáveis – tu tens uma abundância de bênçãos. Louvo a ti pela tua bondade, Senhor, e pela lealdade de tua provisão.

Ensinando Nossos Filhos sobre Dinheiro

Não se deixem enganar: de Deus não se zomba. Pois o que o homem semear, isso também colherá.

GÁLATAS 6:7

Senhor, peço pelo teu insight enquanto ensino meus filhos sobre o uso sábio do dinheiro. Ajude-me a impressioná-los sobre a importância da poupança, do dízimo e de dar tanto quanto gastar de forma equilibrada. Tua Palavra revela o princípio do "plantar para colher". Enquanto ensino meus filhos como render suas vidas a ti, por favor, abençoe nosso trabalho – como um jardineiro que planta a semente e colhe lindas flores.

A Cura de Deus em meus Problemas Financeiros

Eu vi os seus caminhos, mas vou curá-lo; eu o guiarei e tornarei a dar-lhe consolo.

ISAÍAS 57:18

Senhor, peço pela cura da minha vida financeira. Não tenho feito sempre a coisa certa, e as circunstâncias me colocaram para trás – mas quero fazer melhor. Peço que tu restaures o relacionamento no meu casamento, uma vez que meu marido e eu procuramos trabalhar em nossos conflitos em relação ao dinheiro. Peço que tu me guies na forma correta de usar meus recursos e reabasteças o que perdi. Quero te honrar, Senhor, e ser uma bênção para os outros.

O que é Sucesso?

> *Ordene-lhes que pratiquem o bem, sejam ricos em boas obras, generosos e prontos a repartir.*
>
> 1 TIMÓTEO 6:18

Senhor, quando penso em "viver bem", ajude-me a ser levada para os teus caminhos, e não para os do mundo. Mostre-me a diferença entre o que quero e o que realmente preciso. Ajude-me a saber que o verdadeiro sucesso está em ser rica no amor, rica em bons trabalhos para com os outros e generosa ao dividir as tuas abundantes bênçãos. Agradeço-te pela prosperidade que tu provês, por dentro e por fora.

Tesouros no Céu

> *Não acumulem para vocês tesouros na terra, onde a traça e a ferrugem destroem, e onde os ladrões arrombam e furtam. Mas acumulem para vocês tesouros nos céus, onde a traça e a ferrugem não destroem, e onde os ladrões não arrombam nem*

> *furtam. Pois onde estiver o seu tesouro, aí também estará o seu coração.*
>
> MATEUS 6:19-21

Senhor, tu és meu tesouro. Valorizo tudo o que tu és – sagrado, sábio, amoroso e justo. Tu és todo e poderoso, o doador da vida. Ajude-me a não dar muita importância às coisas materiais; elas podem ser boas e ajudar, mas inevitavelmente irão se acabar com o tempo. Minha esperança está em ti, Senhor, e minha futura fortuna, nos céus.

Oração para as Finanças de um Casal Casado

> *Ninguém pode servir a dois senhores; pois odiará um e amará o outro, ou se dedicará a um e desprezará o outro. Vocês não podem servir a Deus e ao dinheiro.*
>
> MATEUS 6:24

Senhor, pedimos a ti por sabedoria e harmonia em nossa vida financeira. Escolhemos te servir, Deus. Perdoe-nos quando formos egoístas, quando formos para extremos de gastos. Cure-nos quando precisemos de restauração em nossas finanças. Ajude-nos a não discutir, mas a aprender formas melhores de nos comunicar – a sermos honestos e a procurar compreensão na perspectiva da outra pessoa, mesmo quando não concordarmos com ela. Nós te agradecemos pelas formas com que tu proveste e pelas tuas incríveis respostas a orações!

Minha igreja

O poder da adoração

Ajude-me, Senhor, a me lembrar que a religião não está confinada à Igreja... nem exercida apenas na oração e meditação, mas em todos os lugares que eu estiver em Tua Presença.

Susanna Wesley (mãe de John Wesley)

A oração poderosa é essencial para a construção e o crescimento de uma Igreja saudável. Muito mais do que um prédio, a Igreja é um lugar para se pertencer e sentir-se bem-vindo. É uma família de cristãos, irmãos e irmãs no Senhor, que, imperfeitos como são, procuram por amor, perdão, conexão e servir juntos. É um lugar para se encontrar a verdade, a cura e a totalidade de Deus enquanto lemos a Bíblia e procuramos aplicá-la em nossa vida.

A Igreja também é um lugar de serviço. Quando descobrimos e usamos nossos dons espirituais, construímos o corpo de Cristo, as pessoas ali dentro, e procuramos cumprir a Grande Comissão do lado de fora, ajudando os necessitados.

Mais importante: a casa de Deus é um lugar de oração (Isaías 56:7) e adoração (João 4:24). É por meio dessas duas essências – oração e adoração – que podemos ver o renascimento em nossa vida e, esperamos, nos quatro cantos do mundo.

O poder de Deus é libertado enquanto adoramos com outros cristãos. "Esse tipo de adoração corporativa pode puxar e levar para lugares aonde não conseguimos chegar sem ela. Não há nada que aconteça quando adoramos a Deus junto com outros cristãos que não aconteça no mesmo grau quando não o fazemos. Torna-se uma força que inicia uma mudança no mundo ao seu redor. Há uma renovação, renascimento e refrescamento em nossa própria alma", diz Stormie Omartian em *The Prayer That Changes Everything*.[13] Deus libera suas bênçãos através da adoração.

Se você não tem certeza de como elevar suas orações de adoração, tente isto: reconheça a presença de Deus e fale sobre suas maravilhosas qualidades. Conte para ele o quão grandioso ele é – *Você é sagrado, você é digno, você é justo. O poder e a majestade pertencem a você, ó Senhor. Obrigada pela sua misericórdia, amor, paciência, bondade e graça. Eu lhe adoro, Senhor.*

Não importa se você é um guerreiro orador iniciante ou experiente. Nossas orações não têm que ser perfeitas.

Deus considera a atitude do coração. Quando a sua intenção é honrá-lo, ele fica feliz. Assim como mães cuidadosas gostam dos rabiscos de seus filhos de cinco anos de idade e os expõem orgulhosamente em suas geladeiras para todo mundo, nossas tentativas de louvor a Deus se tornam suas obras-primas.

Obrigada pela Minha Família da Igreja

Portanto, enquanto temos oportunidade, façamos o bem a todos, especialmente aos da família da fé.

GÁLATAS 6:10

Senhor, obrigada pela minha Igreja e pelas pessoas de lá, meus irmãos e irmãs em Cristo. Que cresçamos juntos como "família" ou cristãos enquanto aprendemos a amar e a servir uns aos outros. Apesar de sermos diferentes, ajude-nos a respeitar uns aos outros e a procurar levantar uns aos outros. É uma bênção ter pessoas para experimentar a vida, tanto os bons quanto os maus momentos. Que scjamos mais bem conectados, assim como que todos aprendamos a conhecer a ti e a amar-te mais.

Oração para o Pastor e sua Família

Sempre agradecemos a Deus, o Pai de nosso Senhor Jesus Cristo, quando oramos por vocês, pois temos ouvido falar da fé que vocês têm em Cristo Jesus e do amor que têm por todos os santos.

COLOSSENSES 1:3,4

Senhor, te agradeço pelo nosso pastor. Ele é uma bênção para a nossa Igreja. Oro para que tu o habilites com habilidades de forte liderança e tomada de decisões sábias. Ajude-o a ser um homem de Deus, devotado a procurar e a seguir a ti. Proteja-o e a sua família das tentações do mundo. Apesar de ele provavelmente ter um fardo pesado, por favor, seja o refresco contínuo dele. Ajude-o a guardar seu tempo para a sua família, e mantenha-o forte e amoroso.

Oração para os Empregados da Igreja

Ao contrário, como homens aprovados por Deus para nos confiar o evangelho, não falamos para agradar pessoas, mas a Deus, que prova o nosso coração.

1 TESSALONICENSES 2:4

Senhor, agradeço por todas as pessoas comprometidas que trabalham como empregados de nossa Igreja. Obrigada pelo serviço leal diário deles nos escritórios e nos comitês. Ajude-os em suas decisões diárias para servirem a ti e não procurarem agradar as pessoas. Que eles façam seus trabalhos com eficiência e qualidade, para que tudo o que façam levante a Igreja e aumente o teu reino.

Oração para a Escola Dominical, Estudo Bíblico e Pequenos Líderes de Grupo

> *Ora, assim como o corpo é uma unidade, embora tenha muitos membros, e todos os membros, mesmo sendo muitos, formam um só corpo, assim também com respeito a Cristo. Pois em um só corpo todos nós fomos batizados em um único Espírito: quer judeus, quer gregos, quer escravos, quer livres. E a todos nós foi dado beber de um único Espírito.*
>
> 1 Coríntios 12:12,13

Senhor, obrigada pelos servos leais que ensinam na escola dominical, estudos bíblicos e pequenos grupos. Semana após semana eles apresentam a verdade da Tua Palavra para garantir que crianças e adultos o conheçam melhor. Apesar de todos termos funções diferentes na Igreja, somos todos um corpo só – e agradeço que tu tenhas nos costurado junto em unidade. Abençoe esses homens e mulheres que servem pela tua glória.

Oração para Ministros da Igreja e Voluntários

> *Portanto, eu me glorio em Cristo Jesus, em meu serviço a Deus.*
>
> Romanos 15:17

Senhor, oro para que tu cries pessoas para servirem às necessidades de nossa Igreja. Abençoe aqueles que provêm para nós como líderes de adoração, coroinhas, responsáveis por som e mídia e todo time de ministério da Igreja. Abençoe os que trabalham na cozinha, creche, estacionamento, equipe de manutenção e outros – todas as pessoas que estão à frente ou nos bastidores, Senhor, que mantêm nossa Igreja funcionando suavemente e bem.

Oração para Renascimento

Mas receberão poder quando o Espírito Santo descer sobre vocês, e serão minhas testemunhas em Jerusalém, em toda a Judéia e Samaria, e até os confins da terra.

ATOS 1:8

Senhor, oramos para o poder do Espírito Santo vir de forma poderosa para cada indivíduo que frequenta a nossa Igreja. Enquanto encontramos renascimento pessoal, que ele cresça e ascenda o fogo poderoso da paixão por Deus em nossa Igreja – então espalhe para a nossa comunidade, nossa nação e nosso mundo. Por favor, nos dê um coração para orar por renascimento e mãos para colocar a nossa fé em ação por meio do serviço a outros.

Oração para Missionários

Então, Jesus aproximou-se deles e disse: "Foi-me dada toda a autoridade nos céus e na terra. Portanto, vão e façam discípulos de todas as nações, batizando-os em nome do Pai e do Filho e do Espírito Santo, ensinando-os a obedecer a tudo o que eu lhes ordenei. E eu estarei sempre com vocês, até o fim dos tempos.

MATEUS 28:18-20

Senhor, obrigada por nossos missionários, tanto os estrangeiros quanto os nacionais. Dê forças a eles e os sustente enquanto procuram cumprir a sua grande missão. Dê para eles sabedoria divina e boa comunicação enquanto pregam, ensinam, instruem discípulos e batizam pessoas de todas as nações. Por favor, atenda às necessidades deles por um relacionamento próximo a ti, dê para eles proteção e segurança e provenha as necessidades financeiras deles. E, Senhor, abençoe-os com relacionamentos emocionalmente saudáveis e harmônicos em seus grupos.

Oração para Bons Relacionamentos

O meu mandamento é este: amem-se uns aos outros como eu os amei.

JOÃO 15:12

Senhor, oro por cada membro dessa Igreja – para que nós nos demos bem. Apesar de nossa variedade de estilos de vida e opiniões, nos ajude a viver e adorar em harmonia. Dê-nos a habilidade de valorizar e respeitar nossas diferenças. Proteja-nos de divisões e nos ajude a ter a mesma opinião. Todos nós temos dons diferentes, papéis e funções, mas somos coletivamente um corpo só, Senhor – o teu. Amarre-nos juntos usando cordas de fé e fertilidade.

Oração para Boas-Vindas a Novatos

O recebam no Senhor com grande alegria.

FILIPENSES 2:29

Senhor, oro para que sejamos uma Igreja acolhedora para com novos membros, visitantes e novatos da mesma forma. Ajude-nos a receber novas pessoas calorosamente e com amor. Dê-nos ouvidos sensíveis para notar os outros – não queremos nos focar apenas em nossa própria família ou grupo de amigos. Queremos tudo e também "a nova pessoa", então nos ajude a ser inclusivos e a fazer visitantes se sentirem em casa em nossa Igreja.

Oração para Ensinamentos Sólidos da Palavra de Deus

Cuidado com os falsos profetas. Eles vêm a vocês vestidos de peles de ovelhas, mas por dentro são lobos devoradores. Vocês os reconhecerão por seus frutos. Pode alguém colher uvas de um espinheiro ou figos de ervas daninhas? Semelhantemente, toda árvore boa dá frutos bons, mas a árvore ruim dá frutos ruins. A árvore boa não pode dar frutos ruins, nem a árvore ruim pode dar frutos bons. Toda árvore que não produz bons frutos é cortada e lançada ao fogo. Assim, pelos seus frutos vocês os reconhecerão!

MATEUS 7:15-20

Senhor, oro para que a Palavra de Deus seja ensinada em nossa Igreja com fé e de forma honesta. Oro contra o falso ensinamento ou doutrina que sejam enganosos. Ajude-nos a crescer em devoção, pois temos a verdade ensinada e pregada com integridade. Nutra nossas almas com ensinamentos sólidos para que possamos estar equipados para servir outros – para sermos sol e luz em um mundo escuro, um mundo que precisa do teu amor, poder e paz.

Encorajando Um ao Outro

Não deixemos de reunir-nos como igreja, segundo o costume de alguns, mas procuremos encorajar-nos uns aos outros, ainda mais quando vocês vêem que se aproxima o Dia.

HEBREUS 10:25

Senhor, agradeço pela minha Igreja e pelas pessoas que a frequentam. Conhecendo elas ou não, ajude-me a ser uma bênção para cada pessoa que eu conhecer. Ajude-me a ser uma encorajadora, uma ouvinte. Que nós possamos nos colocar para cima, não para baixo. Que centremo-nos nos outros e vejamos o valor de cada pessoa em nossa congregação. Senhor, ajude-nos a ser uma bênção para eles de todas as formas que pudermos.

Adorando Juntos

Deus é espírito, e é necessário que os seus adoradores o adorem em espírito e em verdade.

JOÃO 4:24

Senhor, queremos adorá-lo! Nós louvamos teu santo nome e pedimos que tu nos abençoes enquanto te adoramos em espírito e em verdade. Enquanto nos reunimos, deixe que os músicos, o coral e os líderes nos guiem em um coro de louvor e adoração ressonantes. Tu és merecedor e maravilhoso, Senhor. Obrigada por tudo o que tu és e tudo o que fazes por nós. Louvo e abençoo a ti, Senhor.

Oração

Esses eu trarei ao meu santo monte e lhes darei alegria em minha casa de oração. Seus holocaustos e demais sacrifícios serão aceitos em meu altar; pois a minha casa será chamada casa de oração para todos os povos.

ISAÍAS 56:7

Senhor, a tua casa é uma casa de orações para toda a nação. Obrigada pelo presente da oração, nossa forma de conversa contigo em duas vias. Ajude-nos a fazer da oração uma prioridade diariamente. Lidere-nos enquanto aumentamos nossa adoração, confissão, gratidão e súplica – em pedir para ti tudo o que precisamos. Que sejamos intercessores, orando por outras pessoas e pelas necessidades delas. Que nós descansemos na glória de tua luz para que possamos refletir o coração do Pai para todas as pessoas que conhecermos. Senhor, ensine-nos a orar.

Dons Espirituais

Assim como cada um de nós tem um corpo com muitos membros e esses membros não exercem todos a mesma função.

ROMANOS 12:4

Senhor, ajude-nos a descobrir e a usar nossos dons espirituais, aqueles talentos e habilidades que tu nos deste para servi-lo na Igreja e em ministérios excedentes. Nós somos muitos, mas formamos um corpo só. Temos dons diferentes, de acordo com o que tu graciosamente nos deste, mas servimos uns aos outros. Se nosso dom é professar, deixe-nos fazê-lo na proporção de nossa fé. Se for servir, deixe-nos fazê-lo com alegria. Se for ensinar, deixe que ensinemos; se for encorajar, deixe que coloquemos outras pessoas para cima; se for contribuir com os necessitados, deixe que sejamos generosos; se for a liderança, deixe que governemos com justiça; se for mostrar misericórdia, deixe que nós o façamos com alegria. Seja lá que dom nós tivermos, que nós o utilizemos pela tua glória também.

Meu ministério

O poder de alcançar

Tudo o que fizerem, façam de todo o coração, como para o Senhor, e não para os homens.

Colossenses 3:23

O ministério é para qualquer mulher. Não é apenas um "chamado" para pastores, missionários e evangelistas.

O ministério de Maribeth é na música; ela canta e louva tocando a flauta na Igreja. Kim lidera um ministério de louvação por meio da dança e abençoa mulheres presas com uma apresentação em movimento do Evangelho. Donna ensina na escola dominical e derrama seu espírito alegre em crianças enérgicas de três anos de idade toda a semana.

Há muitos anos, Deus escolheu uma mulher de nome Miriã para ser uma profetiza e líder de adoração, ajudando seus irmãos Moisés e Arão a trazer pessoas para Israel, tirando-as da escravidão no Egito. Deus milagrosamente permitiu que as pessoas andassem atravessando o Mar Vermelho em terreno seco – e então fez com que as águas lavassem os perseguidores do exército egípcio (Êxodo 14:15). Depois da travessia segura, Miriã liderou o louvor. "Então Miriã, a profetisa, irmã de Arão, pegou um tamborim e todas as mulheres a seguiram, tocando tamborins e dançando. E Miriã lhes respondia, cantando: 'Cantem ao Senhor, pois triunfou gloriosamente. Lançou ao mar o cavalo o seu cavaleiro'" (Êxodo 15:20,21).

Se Deus nos usa para o seu serviço na Igreja, uma organização cristã, ou no campo da missão, nosso ministério precisa ser coberto de orações. Quando buscamos a Deus, ele nos preenche para que possamos buscá-lo – e derrama o seu amor e bênçãos em outras pessoas.

O ministério de efeito não é baseado nas nossas habilidades. Nós não fazemos com que isso aconteça com outras pessoas – nos juntamos a Deus por meio da oração, e ele provê o poder. Enquanto pedimos com fé, e fazemos o serviço do nosso Pai, o Espírito Santo traz libertação e atos de acordo com a vontade de Deus pela resposta.

Uma das melhores formas que podemos ministrar para outros é orando para eles. Não é sempre fácil, mas sempre vale à pena. "Na oração real, vamos para lugares que não queremos ir", diz Patricia Raybon em *I Told the Mountains to Move*. "Nós aprendemos lições que não queremos aprender. Contamos segredos que não queremos contar. Nós andamos em pontes que não queremos atravessar. Nós encaramos batalhas em que não queremos brigar. Então nós mudamos o mundo. Nós nos prostramos nas portas do céu e então corremos para dentro."[14]

Quando oramos pelo nosso ministério, podemos pedir para Deus para nos dar vontade e compaixão para servir aos outros. Se não temos certeza de onde passar o nosso tempo, podemos pedir para Deus para nos ajudar a identificar nossos dons espirituais e a usá-los de forma eficaz. Quando estamos cansadas, podemos pedir energia e frescor para o Espírito Santo, juntamente com discernimento para equilibrar o trabalho, a casa e descansar em nossas oportunidades de ministério. Podemos também pedir para Deus ajudar nosso ministério a crescer e prover os recursos (financeiros e afins) a programar novas ideias.

Louvar a Deus o agrada, também. Ele é aquele que nos dá poder para servir com fé e efetivamente.

Libere Mais Poder em Meu Ministério

O Deus da paz, que pelo sangue da aliança eterna trouxe de volta dentre os mortos o nosso Senhor Jesus, o grande Pastor das ovelhas, os aperfeiçoe em todo o bem para fazerem a vontade dele, e opere em nós o que lhe é agradável, mediante Jesus Cristo, a quem seja a glória para todo o sempre. Amém.

HEBREUS 13:20,21

Senhor Deus, quero a ti. Peço que tu liberes mais do teu poder em minha vida e no meu ministério. Deus da paz, me equipe com tudo de bom para fazer a tua vontade. Ajude-me a ter compaixão, integridade e uma liderança sábia. Trabalhe em mim o que é agradável para ti, Senhor. Dê-me poder, me ilumine e me mude para que eu possa ser mais eficaz em servir. Deixe teu nome ser glorificado e honrado em todas as minhas atividades de ministério.

Sabedoria e Compreensão

Como é feliz o homem que acha a sabedoria, o homem que obtém entendimento.

PROVÉRBIOS 3:13

Senhor, oro por insight nas pessoas as quais sirvo. Dê-me compreensão com relação às necessidades delas para que eu possa me relacionar melhor com elas e ser capaz de me voltar para suas preocupações. Ajude-me a ter interesse em sua cultura particular, seja étnica ou relacionada à idade. Oro por sabedoria em como chegar nelas, ensiná-las e abençoá-las.

Um Coração para Servir

O Senhor é misericordioso e compassivo, paciente e transbordante de amor.

SALMO 146:8

Senhor, oro por um espírito compassivo. Ajude-me a me importar com as necessidades dos outros e a ter amor genuíno por aqueles a quem sirvo. Derrame em mim o seu espírito cuidadoso e generoso, para que eu seja uma bênção e pregue com um coração repleto. Encha-me até que eu transborde, para que meu ministério seja efetivo, crescente e abençoado. Que eu ande em tua graciosidade com um coração servil.

Proteção e Segurança

O Senhor o protegerá e preservará a sua vida; ele o fará feliz na terra e não o entregará ao desejo dos seus inimigos.

SALMO 41:2

Senhor, tu és a minha força – por favor, proteja-me. Tu és a minha segurança – preserve-me. Mantenha-me segura em teu cuidado tenro enquanto prego para as necessidades dos outros. E, por favor, protejas os que me rodeiam, aqueles para quem prego. Abençoe-mc, Senhor, e me mantenha longe de inimigos – aqueles que vejo e os que não vejo. Peço por uma parede grossa de proteção para manter o mal do lado de fora e o bem, dentro. Confio em ti, meu Senhor forte e poderoso.

Administrando o Estresse

[...] e a incomparável grandeza do seu poder para conosco, os que cremos, conforme a atuação da sua poderosa força. Esse poder ele exerceu em Cristo, ressuscitando-o dos mortos e fazendo-o assentar-se à sua direita, nas regiões celestiais, muito acima de todo governo e autoridade, poder e domínio, e de todo nome que se possa mencionar, não apenas nesta era, mas também na que há de vir.

EFÉSIOS 1:19-21

Senhor, estou cansada. Tenho feito muito e preciso de descanso. Por favor, ajude-me a administrar minhas prioridades – minha vida em casa, trabalho, ministério e descanso – da melhor forma, para que eu possa ter mais equilíbrio e menos estresse. Não quero me esgotar. Quero ser eficaz para ti. Oro para que o mesmo poder que trouxe Jesus Cristo dos mortos, a "incomparável grandeza do teu poder para conosco", acorde meu corpo e meu espírito cansado. Reabasteça-me e me restaure para a tua glória.

Provisão e Recursos

No dia seguinte, ancoramos em Sidom; e Júlio, num gesto de bondade para com Paulo, permitiu-lhe que fosse ao encontro dos seus amigos, para que estes suprissem as suas necessidades.

ATOS 27:3

Senhor, teus recursos são ilimitados. Tu te delicias em dar para teus filhos bons dons, para suprir as necessidades deles. Eu, corajosa e humildemente, peço que tu provenhas para as necessidades do meu ministério. Traga nosso ministério para a mente de pessoas que estão dispostas a doar seus recursos dados por Deus. Que eles doem seu tempo, dinheiro, talentos ou outros recursos para abençoar os esforços desse ministério para entrar em teu reino.

Liderança

> *[...] se é dar ânimo, que assim faça; se é contribuir, que contribua generosamente; se é exercer liderança, que a exerça com zelo; se é mostrar misericórdia, que o faça com alegria.*
>
> ROMANOS 12:8

Senhor, ensine-me os teus modos. Mostre-me como ser uma líder que é primeiramente uma serva. Tu mostraste para nós uma liderança servil quando lavou os pés de teus discípulos. Humilde, venho, Senhor – deixe-me ser mais parecida contigo. Lide com o meu orgulho, pecado e egoísmo, e ajude-me a servir aos outros com os motivos corretos. Ajude-me a ser diligente em minhas tarefas e encorajadora em minhas palavras. Lidere-me, Senhor, com amor.

Arrecadando Voluntários

Ao ver as multidões, teve compaixão delas, porque estavam aflitas e desamparadas, como ovelhas sem pastor. Então disse aos seus discípulos: "A colheita é grande, mas os trabalhadores são poucos. Peçam, pois, ao Senhor da colheita que envie trabalhadores para a sua colheita."

MATEUS 9:36-38

Senhor, o mundo é nosso campo para nossa missão. Da creche da Igreja até os orfanatos do outro lado do mar, existem crianças que precisam de amor e atenção. Das ruas de Columbus até as favelas de Calcutá, as pessoas precisam ouvir as Boas Novas. A colheita é grande, mas os trabalhadores são poucos – mas peço para ti, Senhor da colheita, para trazer pessoas com corações servis. Que elas ajudem meu ministério e outras pessoas em nossa nação e ao redor do mundo.

Para os Pobres e Necessitados

Mas quando você der esmola, que a sua mão esquerda não saiba o que está fazendo a direita, de forma que você preste a sua ajuda em segredo. E seu Pai, que vê o que é feito em segredo, o recompensará.

MATEUS 6:3,4

Senhor, oro hoje pelos pobres e necessitados. Muitos precisam de dinheiro, enquanto outros são pobres de espírito.

Por favor, dê comida e água para suprir suas necessidades físicas e o Evangelho de Jesus Cristo e teu amor salvador para preencher suas almas. Senhor, mostre-me como posso ser parte da solução. Mostre-me onde posso dar e servir. Use minhas habilidades e finanças para ajudar, pela tua Glória.

Para Aqueles na Prisão

Estive preso, e vocês me visitaram.

MATEUS 25:36

Senhor, oro pelos homens e mulheres encarcerados por todo o nosso país hoje. Pelo seu renascimento – que muitos venham para ti, para te amar e te servir. Ajude aqueles que estão encarcerados a saber que tu és o único que liberta pessoas da servidão do pecado e do mal feito. Ajude-os a saber que apenas tu ofereces uma vida de esperança e paz. Na escuridão, ajude-os a encontrar o perdão de Cristo, a alegria e a luz. Lembre meu coração, Senhor, de visitar aqueles que estão na prisão e cumprir com teus comandos.

Para os Doentes

Entre vocês há alguém que está doente? Que ele mande chamar os presbíteros da igreja, para que estes orem sobre ele e o unjam com óleo, em nome do Senhor. A oração feita com fé curará o doente; o Senhor o levantará. E se houver cometido pecados, ele será perdoado. Portanto, confessem os seus pecados uns aos outros e orem uns pelos outros para serem curados. A oração de um justo é poderosa e eficaz.

TIAGO 5:14-16

Senhor, estou orando por uma pessoa que está doente neste momento. Ela precisa do teu toque curativo no corpo e nas emoções. Cure sua dor, Senhor. Ajude-a a sentir a tua presença, a saber que tu estás perto. Sejas o conforto dela. Peço que ela não tenha medo ou se sinta sozinha. Oro em fé, em nome do poder de Jesus, pela cura da minha amiga. Peço que tu faças com que ela melhore.

Para Aqueles em Sofrimento

Bem-aventurados os que choram, pois serão consolados.

MATEUS 5:4

Senhor, minha amiga tem uma dor profunda em sua alma. Peço que tu a confortes. Esteja perto, Senhor, esteja perto. Que ela descanse nos braços longos e amorosos daquele que mais a ama. Cure a dor no coração dela, cure a sua dor. Tu és íntimo da dor, então conheces a sua dor. Ajude-me a saber que tu podes te relacionar com quem tu te importas. Dentro em breve, que ela encontre cura e totalidade novamente.

Fazendo Trabalhos Maiores

Digo-lhes a verdade: Aquele que crê em mim fará também as obras que tenho realizado. Fará coisas ainda maiores do que estas, porque eu estou indo para o Pai. E eu farei o que vocês pedirem em meu nome, para que o Pai seja glorificado no Filho.

JOÃO 14:12,13

Senhor, tu és tão maravilhoso. Tu disseste que iria fazer coisas ainda maiores do que conseguiste realizar enquanto estava na terra. Oro pela grande fé, que eu seja parte dos que fazem os teus trabalhos maiores. Tu curaste os doentes, fizeste o coxo andar e radicalmente mudou a tua geração. Autorize-me a ajudar e a curar de qualquer forma que tu me chames para fazer. Que tu te delicies ao ouvir minha oração e traga glória a ti mesmo.

O Poder do Espírito Santo

O nosso evangelho não chegou a vocês somente em palavra, mas também em poder, no Espírito Santo e em plena convicção. Vocês sabem como procedemos entre vocês, em seu favor.

1 TESSALONICENSES 1:5

Senhor, em meu próprio esforço humano não posso fazer esse ministério acontecer. Sou totalmente dependente de ti. Peço e oro pelo poder de teu Espírito Santo para me preencher e trabalhar através de mim. Acelere a compaixão e a convicção em meu coração para eu poder pregar a vida para outras pessoas. Recarregue-me em meu espírito e corpo para servir a ti com eficiência e qualidade.

Meus amigos

O poder do contato

O amigo ama em todos os momentos.

Provérbios 17:17

O que faríamos sem nossos amigos? Eles nos dão força e nos inspiram. Eles ouvem como se realmente se importassem – porque se importam. Bons amigos procuram entender e simpatizar conosco. Mesmo quando não consegue se relacionar, de qualquer modo, eles se preocupam conosco.

Amigos são divertidos! Nós curtimos estar em sua companhia. Quando pudermos falar, rir, orar e brincar com alguém em quem confiamos, teremos encontrado um verdadeiro tesouro. Nós damos e recebemos, nós amamos e aprendemos. Acima de tudo, em uma amizade, procuramos o que é melhor para os dois. Não importa qual a nossa idade ou estágio da vida, nós nunca aumentamos a nossa necessidade de contato, por termos e sermos bons amigos.

Amar com palavras e ações é o selo de uma verdadeira amizade. Eu me lembro de uma vez estar estressada por semanas, com um prazo importante para o trabalho. O projeto pesava nas minhas costas, pois estava vivendo de lanches ao invés de usar meu tempo precioso para fazer uma feira. Junto a tudo isso, comecei a sentir que uma inflamação na garganta estava a caminho. Quando minha amiga Maria soube que eu estava ficando doente, prontamente apareceu com quatro sacolas de uma cadeia de supermercados com comidas saudáveis – e orou para que eu ficasse bem. Eu estava perplexa com a generosidade dela. E logo comecei a me sentir bem.

Como os flocos de neve, não existem duas amizades iguais; cada uma traz beleza e alegria únicas em nossa vida. Nós temos conhecidos, amigos casuais, amigos próximos e amigos do "coração", esta mão cheia de mulheres com as quais dividimos nossos "eus" mais profundos. Jesus também tinha círculos diferentes de amigos. Ele pregava para as multidões, passava um tempo significativo com seus 12 discípulos e era mais próximo de três homens: Pedro, Tiago e João. Era amigo de coletores de impostos e pecadores (Marcos 2:15-17), assim como de seus amados amigos Maria, Marta e Lázaro (João 11:20-32).

Hoje, cada um de nós pode ter a alegria de conhecer Jesus como nosso amigo (João 15:15). Na solidão calma da oração, podemos despejar nossos medos e desejos mais profundos. Podemos ter prazer em gostar de Deus – em apenas estar em sua companhia. "O companheirismo para com ele [Jesus] é uma questão de prioridades e uma questão de escolha", diz Ken Gire em *Intimate Moments with the Savior*. "É a melhor parte da refeição que a vida tem para oferecer. É, na verdade, o prato principal."[15]

Quando somos companheiros de Deus em oração, podemos orar com força para nossos amigos da terra. Podemos orar para eles e com eles em nome de Jesus.

Esta talvez seja uma das melhores formas de podermos mostrar para um amigo que nos importamos com ele. Talvez alguém que conheçamos esteja passando por uma separação ou por um divórcio e possa estar precisando de uma ligação sua. Talvez um novo vizinho, uma viúva recente ou uma nova mãe possam estar precisando de uma bênção inesperada, de uma gentileza de amigo. Talvez devêssemos parar para agradecer a Deus pelas mulheres maravilhosas de nossa vida – aquelas mulheres que nos deram o presente da amizade – e perguntar para ele como podemos ser melhores amigas para outras pessoas.

Obrigada pelas Minhas Amizades

> *Quem tem muitos amigos pode chegar à ruína, mas existe amigo mais apegado que um irmão.*
>
> PROVÉRBIOS 18:24

Senhor, agradeço pelos meus amigos maravilhosos! Enquanto penso na arca do tesouro de meus amigos próximos, amigos casuais e colegas, fico grata pelas bênçãos e alegrias que cada um deles traz para a minha vida. Obrigada pelos meus amigos de "coração", minhas leais amigas-irmãs que me ouvem, se preocupam e me encorajam. Elas são minhas companheiras de fé. Compreendo que tu, Senhor, és o provedor de todos os bons presentes, e agradeço pela tua provisão em minhas amizades.

Uma Caminhada Profunda com Deus

> *Peço que o Deus de nosso Senhor Jesus Cristo, o glorioso Pai, lhes dê espírito de sabedoria e de revelação, no pleno conhecimento dele. Oro também para que os olhos do coração de vocês sejam iluminados, a fim de que vocês conheçam a esperança para a qual ele os chamou, as riquezas da gloriosa herança dele nos santos e a incomparável grandeza do seu poder para conosco, os que cremos, conforme a atuação da sua poderosa força.*
>
> EFÉSIOS 1:17-19

Senhor, peço em nome de Jesus que as minhas amigas não salvas venham a te conhecer como o Salvador pessoal delas. Oro pela salvação delas e pelo seu crescimento na fé. Enquanto tu te revelas para elas, que elas possam vir a experimentar verdadeiramente a ti – não apenas na cabeça delas, mas também em seus corações. Leve-as mais para perto de ti, Senhor, para que elas possam sentir o poder da tua presença. Reviva o espírito delas, Senhor, pelo bem delas e pela tua glória.

Orando pelas Necessidades das Minhas Amigas

O meu intercessor é meu amigo, quando diante de Deus correm lágrimas dos meus olhos.

Jó 16:20

Senhor, ajude-me a ter sabedoria enquanto oro pelas necessidades de minhas amigas. Quero ser uma intercessora, vir diante de ti como alguém que se coloca na brecha. Estando elas com dor, ou doentes, ou precisando de direção, estou aqui pedindo para tu as ajudares e curares. Dê para elas coragem e fé em seus testes. Que a tua mão graciosa se coloque sobre a vida delas.

Amigas Ajudam Umas às Outras

Se um cair, o amigo pode ajudá-lo a levantar-se. Mas pobre do homem que cai e não tem quem o ajude a levantar-se!

Eclesiastes 4:10

Senhor, algumas vezes é mais fácil dar do que receber. Quero ser alguém que doa, que tira um tempo para cuidar e ajudar minhas amigas quando elas precisam. E ajude-me a aprender a receber também – para que eu não seja muito orgulhosa para receber a generosidade de uma amiga. Dê e tire, Senhor... nós realmente precisamos umas das outras.

Amigas Amam Umas às Outras

O amigo ama em todos os momentos; é um irmão na adversidade.

PROVÉRBIOS 17:17

Senhor, ajude-me a ser uma amiga que ama em todos os momentos, mesmo quando eu não estiver a fim. Ensine-me como amar com palavras – a ser animadora e a apoiar – e ajude-me a mostrar o amor por meio das minhas ações também. Quero ser uma ouvinte melhor, nunca egocêntrica. Mostre-me como trazer alegria a outras pessoas de forma tangível, com uma ligação, um abraço ou uma carta que seja significativa para minha amiga.

Amigas Perdoam Umas às Outras

Vendo a fé que eles tinham, Jesus disse: "Homem, os seus pecados estão perdoados."

LUCAS 5:20

Senhor, peço humildemente que tu me perdoes por ter magoado minha amiga. Ajude-me a lidar com as coisas das quais estou ciente, e me faça lembrar das que não estou. Por favor, me dê coragem e fé para perdoar minha amiga quando ela me magoar, Senhor. Sei que todos os meus erros são perdoados por ti quando os confesso. Que eu seja a pessoa que, por sua vez, perdoa outras.

Jesus é Seu Amigo

Ninguém tem maior amor do que aquele que dá a sua vida pelos seus amigos. Vocês serão meus amigos, se fizerem o que eu lhes ordeno. Já não os chamo servos, porque o servo não sabe o que o seu senhor faz. Em vez disso, eu os tenho chamado amigos, porque tudo o que ouvi de meu Pai eu lhes tornei conhecido.

JOÃO 15:13-15

Senhor, tu és o meu melhor amigo. Não poderia ser outra pessoa! Tu és bondoso, amoroso, generoso, leal e doador. Tu sempre escutas, e sempre te preocupas. E tu tens o melhor conselho. Mas, mais do que isso, tu entregaste tua vida por mim – por mim, Senhor! Não há expressão maior de amor, e por conta disso estou imensamente grata. Obrigada por me chamar de tua amiga. Ajude-me a aprender as tuas maneiras para que eu possa ser uma amiga melhor para os outros.

Preciso de Amizades mais Próximas

Dediquem-se uns aos outros com amor fraternal. Prefiram dar honra aos outros mais do que a si próprios.

ROMANOS 12:10

Senhor, sinto como se meus amigos estivessem distantes e ocupados. Eles não parecem ter tempo para mim. Talvez eu tenha estado ocupada também. Peço que tu tragas amizades mais próximas em minha vida. Preciso me sentir conectada. Necessito do apoio e encorajamento deles. Mostre-me onde preciso me estender mais para os outros. Ajude-me a ouvir, procurar compreensão e oferecer amor incondicional e aceitação – e, em troca, encontrá-lo

Lidando com os Inimigos

Não retribuam a ninguém mal por mal. Procurem fazer o que é correto aos olhos de todos. Façam todo o possível para viver em paz com todos. "Amados, nunca procurem vingar-se, mas deixem com Deus a ira, pois está escrito: 'Minha é a vingança; eu retribuirei', diz o Senhor." "Ao contrário: 'Se o seu inimigo tiver fome, dê-lhe de comer; se tiver sede, dê-lhe de beber.' Fazendo isso, você amontoará brasas vivas sobre a cabeça dele. Não se deixem vencer pelo mal, mas vençam o mal com o bem.

ROMANOS 12:17-21

Senhor, preciso de sabedoria ao lidar com meus inimigos. Ensine-me tuas formas de justiça e ajude-me a fazer o que é certo. Não revidarei no olho por olho, dente por dente. Não tomarei isso em minhas mãos, mas permitirei que tu vingues. Peço que tu tragas bons resultados da iniquidade dessa situação. Dê-me a graça de deixar isso para ti, para que tu consertes as coisas novamente. Por favor, me dê a força para viver em paz.

Preciso de Mais Amigos

Volta-te para mim e tem misericórdia de mim, pois estou só e aflito.

SALMO 25:16

Senhor, tenho estado tão solitária ultimamente – preciso de mais amigos. Em tua graciosidade, por favor, atenda à minha necessidade de companhia. É difícil começar de novo, encontrar alguém que se preocupe e que encontre tempo para uma nova pessoa em sua vida. Mas tu és o doador das coisas boas, e confio que tu irás trazer a pessoa certa, no momento certo. Enquanto procuro estender a mão da amizade para outros, me dê sabedoria para saber que relacionamentos devo buscar. Abençoe-me com bons amigos, Senhor.

Chegando aos Outros

Vocês ouviram o que foi dito: "Ame o seu próximo e odeie o seu inimigo."

MATEUS 5:43

Senhor, tu poderias, por favor, me mostrar como posso chegar em alguém que precisa de um amigo? Lembre-me de pessoas com as quais eu possa dividir o amor por Cristo. Deixe que minhas ações e palavras reflitam o teu amor, aceitação e compaixão. Dê-me olhos para ver as necessidades e um coração para responder. Enquanto olho para as necessidades dos outros, e não apenas para as minhas, oro para que eu seja um receptor de tua bênção e alegria.

Quando Não Sei o que Orar

Da mesma forma o Espírito nos ajuda em nossa fraqueza, pois não sabemos como orar, mas o próprio Espírito intercede por nós com gemidos inexprimíveis. E aquele que sonda os corações conhece a intenção do Espírito, porque o Espírito intercede pelos santos de acordo com a vontade de Deus.

ROMANOS 8:26,27

Senhor, tu conheces as necessidades e desejos do coração de minha amiga. Mas às vezes não sei o que dizer ou como orar. Espírito Santo, tu és aquele que nos ajuda em nossas fraquezas. Quando eu não souber pelo o quê orar, intercedas por mim com gemidos que palavras não conseguem expressar. Procure meu coração e interceda por minha amiga hoje, Senhor. Oro para que a tua vontade seja feita.

Restaurando uma Amizade Quebrada

Sobretudo, amem-se sinceramente uns aos outros, porque o amor perdoa muitíssimos pecados.

1 PEDRO 4:8

Senhor, obrigada pelo teu bálsamo que cura e cobre o machucado e a dor que experimentei nessa amizade. A tua graça me cobre. O teu amor conserta o meu quebrantamento, e tu me dás a habilidade de amar novamente. Ajude-me a colocar de lado as feridas de meu coração e ser uma amiga de novo. Agradeço e louvo a ti, pois teu amor é curativo e restaurador. Obrigada, Senhor, por colar os pedaços de relação.

Sendo uma Ouvinte Melhor

Venham e ouçam, todos vocês que temem a Deus; vou contar-lhes o que ele fez por mim.

SALMO 66:16

Senhor, louvo a ti hoje por tudo o que fizeste por mim. Tu trouxeste ajuda, esperança, cura e restauração, e quero dizer isso para as pessoas! Ajude-me a proclamar tua bondade, partilhando os caminhos maravilhosos que tu atravessaste por mim. Mas enquanto falo, ajude-me a ser uma boa ouvinte também. Por meio de teu Espírito, Senhor, que eu mostre que me importo com meus amigos. Dê-me sabedoria para saber quando meus ouvidos devem estar abertos e minha boca fechada.

Minha família além da família

O poder da persistência

Você não escolhe a sua família. Eles são os presentes de Deus para você, da mesma forma que você o é para eles.

Desmond Tutu

A árvore genealógica na vida de algumas pessoas é mais parecida com uma floresta. A família estendida delas inclui avós, tias, tios, primos, sobrinhas, sobrinhos, primos de segundo grau que uma vez foram removidos (o que quer que isso signifique)... e por aí vai. Em outras famílias, não existem muitos parentes – e laços "familiares" são formados com indivíduos não sanguíneos, tais como amigos, vizinhos ou colegas da Igreja.

Seja a sua família estendida grande ou pequena, sanguínea ou não, você pode abençoar a vida dessas pessoas por meio da oração.

Como podemos orar com força pela nossa família estendida? Da mesma forma que fazemos com qualquer oração, persistência é a chave. A oração persistente é ilustrada na história que Jesus contou a seus discípulos sobre uma viúva e um juiz. A mulher se aproximou do juiz pedindo por justiça contra os inimigos dela. O juiz se recusou a ajudar, mas ela continuou incomodando-o, resolutamente determinada a conseguir acertar as coisas. Finalmente, o juiz disse a si mesmo: "Embora eu não tema a Deus e nem me importe com os homens, esta viúva está me aborrecendo; vou fazer-lhe justiça para que ela não venha mais me importunar!" (Lucas 18:4,5).

Como essa mulher, eu persegui Deus persistentemente com relação à salvação de uma família. Dom, o segundo marido de minha mãe, era um homem que se proclamava "educado", que não tinha nada a ver com Deus. Meus filhos e eu dividimos o amor e a verdade de Deus com ele por doze longos anos, mesmo resistindo à raiva dele quando nós queríamos atender aos serviços da Igreja na véspera de Natal. Lembro-me dele gritando certa vez: "Por que seus filhos têm que ir à Igreja esta noite? O Natal não é sobre Deus, é sobre família!" Na verdade, pensei comigo mesma, o Natal é todo sobre Deus.

No final das contas, Dom morreu de uma doença terminal – mas não antes de minha mãe ter o privilégio de ouvi-lo pedir para Jesus Cristo ser seu salvador, apenas dois dias antes de ele entrar para a eternidade. Esse senhor teimoso está hoje na presença de Deus para sempre, e a história dele nos lembra de nunca desistir. Confie no tempo de Deus, e continue orando.

Estejamos ou não próximos de nossa família estendida, podemos orar por eles. Enquanto agradecemos a Deus pelos nossos parentes, podemos orar por bênçãos na vida deles. Podemos orar pelas necessidades deles – mesmo as mais básicas como sabedoria e energia para o dia a dia. Podemos orar pelas gerações que estão por vir, que eles conheçam o Senhor e sirvam a ele. Podemos pedir para Deus abençoar e proteger aqueles que são como família para nós – nossos amigos, vizinhos, família da Igreja e outros.

Mesmo quando você não souber sobre o quê orar, peça a Deus para abençoar a sua família estendida, sabendo que ele entende cada necessidade deles. "Da mesma forma o Espírito nos ajuda em nossa fraqueza, pois não sabemos como orar, mas o próprio Espírito intercede por nós com gemidos inexprimíveis." (Romanos 8:26)

Sabedoria para a Vivência Diária

> *Como é feliz o homem que acha a sabedoria, o homem que obtém entendimento, pois a sabedoria é mais proveitosa do que a prata e rende mais do que o ouro.*
>
> PROVÉRBIOS 3:13,14

Senhor, peço que os membros de minha família estendida conheçam e experimentem a tua sabedoria a cada dia. Que eles descubram que a sabedoria é mais preciosa do que rubis, e que a compreensão divina é melhor do que ouro. Nada que eles desejem na terra pode se comparar a te conhecer e seguir o teu caminho. Alguns deles estão distantes de ti, Senhor. Oro para que eles aprendam o caminho de tua sabedoria, a agradabilidade de teus caminhos e a paz que tu trazes.

Amor Incondicional

Se vocês amarem aqueles que os amam, que recompensa vocês receberão? Até os publicanos fazem isso!

MATEUS 5:46

Senhor, agradeço a ti pelos membros de minha família e por aqueles que são como se fossem família para mim. Estou grata pelo amor e compreensão deles. Que eu seja amorosa em contrapartida – não apenas com aqueles que me amam, mas mesmo com aqueles cuja companhia é difícil. Teus caminhos são sempre piedosos e bondosos, clementes e bons. Ajude-me a refletir o teu amor, encontrando alegria e amando aos outros como tu me amas.

Vivendo em Paz e Harmonia

Alegrem-se com os que se alegram; chorem com os que choram. Tenham uma mesma atitude uns para com os outros. Não sejam orgulhosos, mas estejam dispostos a associar-se a pessoas de posição inferior. Não sejam sábios aos seus próprios olhos.

ROMANOS 12:15,16

Senhor, quero ser uma pessoa de paz e quero viver em harmonia com os outros. Conheço os membros de minha família e nem sempre concordo com eles. Mas quando discordamos, ajude-nos a trabalhar nossas diferenças e nos conectar novamente. Por favor, dê-me empatia, permitindo-me divertir com aqueles que são divertidos e lamentar com aqueles que lamentam. Faça de mim uma pessoa aberta, Senhor, para me relacionar com as pessoas independentemente do status ou posição delas.

Quando Não Sei o quê Orar

Da mesma forma o Espírito nos ajuda em nossa fraqueza, pois não sabemos como orar, mas o próprio Espírito intercede por nós com gemidos inexprimíveis.

ROMANOS 8:26

Senhor, nem sempre sei o quê orar para minha família estendida. Mas tu conheces cada um deles – suas esperanças e sonhos, necessidades e desejos. Peço que tu intercedas com o poder de teu Espírito Santo. Que os gemidos inexprimíveis dele se traduzam em palavras que eu não posso expressar. Obrigada, Senhor, por preencher as lacunas em meu conhecimento e habilidade. Tu és o Deus que tudo sabe!

Não Fale Muito

Quem muito fala trai a confidência, mas quem merece confiança guarda o segredo.

PROVÉRBIOS 11:13

Senhor, às vezes é uma tentação falar sobre outras pessoas. Gosto de "saber", mas não quero que o meu ouvir e dividir se transformem em fofoca. Mostre-me a linha entre falar informação necessária e fofocar – passar adiante rumores que podem machucar um amigo ou um familiar. Ajude-me a ser uma mulher que consegue guardar um segredo e não trair a confiança. Ajude-me a ser confiável em todas as minhas conversas, Senhor.

Cura para a Inveja e o Ciúme

O coração em paz dá vida ao corpo, mas a inveja apodrece os ossos.

PROVÉRBIOS 14:30

Senhor, tenho sentido inveja – e preciso de tua ajuda. É difícil manter meus sentimentos em ordem quando quero o que outra pessoa possui. Sempre que olho, Senhor, vejo pessoas que têm algo mais, ou melhor, do que eu tenho, e isso me faz lutar comigo mesma. Tenho desejos, Senhor, mas quero um coração em paz. Leve de mim essa inveja e esse ciúme e ajude-me a ficar satisfeita, sabendo que tu irás prover para todas as minhas necessidades. Escolho confiar em ti, Senhor.

Aceitando Uns aos Outros

Aceitem-se uns aos outros, da mesma forma que Cristo os aceitou, a fim de que vocês glorifiquem a Deus.

ROMANOS 15:7

Senhor, tu nos fizeste todos tão diferentes. Como uma caixa de lápis de cera coloridos, temos toda a sorte de opiniões e crenças dentro de nossa família – e isso é algo desafiador de se lidar. Mas apesar de meus familiares serem diferentes de mim, ajude-me a respeitá-los e aceitá-los. Ajude-me a ter um coração acessível. Ajude-me a amar aos outros da mesma forma que tu fazes, Senhor.

Encorajando Uns aos Outros

Por isso, exortem-se e edifiquem-se uns aos outros, como de fato vocês estão fazendo.

1 TESSALONICENSES 5:11

Senhor, ajude a nossa família a ser mais encorajadora. Quando estivermos silentes, por favor, traga gentis palavras de encorajamento. Quando estivermos com raiva, traga palavras de paz. Ajude-me, Senhor, a ser uma pessoa que levanta os outros por meio de gestos gentis, apreciativos e válidos. Ajude-me tanto a encorajar como a receber o encorajamento de que preciso. Obrigada pelo teu encorajamento, Senhor. Que eu seja um conforto e uma bênção para outras pessoas.

Sendo uma Bênção para Outros

O amor deve ser sincero. Odeiem o que é mau; apeguem-se ao que é bom. Dediquem-se uns aos outros com amor fraternal. Prefiram dar honra aos outros mais do que a si próprios.

ROMANOS 12:9,10

Senhor, quero ser uma bênção para a minha família estendida. Irei orar pelos que tu trouxeres à minha mente – aqueles pelos quais preciso orar mais. Abençoe a todos eles, Senhor, comigo, conhecendo-os bem ou não, pois tu os ama. Ajude-me a ser sincera ao honrá-los. Oro pelas necessidades deles, pela salvação e pela cura. Também oro para que eles aprendam a conhecê-lo e a gostar de ti.

Orando pelas Gerações

Povo meu, escute o meu ensino; incline os ouvidos para o que eu tenho a dizer. Em parábolas abrirei a minha boca, proferirei enigmas do passado; o que ouvimos e aprendemos, o que nossos pais nos contaram. Não os esconderemos dos nossos filhos; contaremos à próxima geração os louváveis feitos do Senhor, o seu poder e as maravilhas que fez.

SALMO 78:1-4

Senhor, oro pelas pessoas que virão depois de mim – meus filhos, netos e bisnetos, e mesmo os que vierem depois deles. Que eles te amem e te sirvam, Senhor, e que façam a diferença na geração deles. Abra a minha boca para que ela fale sobre tuas maravilhas, teu poder e teu amor por minha família para que as próximas gerações te conheçam e te honrem.

Orando Uns pelos Outros

Todos eles se reuniam sempre em oração, com as mulheres, inclusive Maria, a mãe de Jesus, e com os irmãos dele.

ATOS 1:14

Senhor, ensine-me a orar. E, por favor, ajude os membros de nossa família a orar uns pelos outros. Que sejamos focados, calorosos e fiéis ao vir corajosamente diante de ti. Coloque em nosso íntimo o saber de orar uns pelos outros. Ajude-nos a desenvolver uma unidade enquanto intercedemos uns pelos outros. Dê-nos sabedoria e graça para amar uns aos outros com mais consistência. Que a vida de nossa família se guie pelos teus bons propósitos e pela tua glória.

Nunca Sozinha

Conservem-se livres do amor ao dinheiro e contentem-se com o que vocês têm, porque Deus mesmo disse: "Nunca o deixarei, nunca o abandonarei."

HEBREUS 13:5

Meu fiel Senhor, agradeço, pois tu estás sempre comigo. Nunca estou sozinha, por isso não preciso sentir medo. Mas quando sentir, Senhor, por favor, lembre-me de tua presença. Quando eu não estiver encontrando o apoio de que preciso de minha família, por favor, ajude-me a encontrar "família" em outras pessoas. Que a tua presença esteja perto de mim, Senhor, e que eu te sinta perto de mim. Tu és meu conforto, minha força, meu contentamento.

Orando para a Salvação de um Membro da Família

Eu curarei a infidelidade deles e os amarei de todo o meu coração, pois a minha ira desviou-se deles.

OSÉIAS 14:4

Senhor, oro em nome e poder de Jesus que tu levarás o membro de minha família para dentro de teu coração. Que ele reconheça Jesus como Salvador e Senhor – logo. Senhor, por favor, ame essa criança voluntariosa. Ajude-a a conhecer o teu amor maravilhoso, tua esperança encorajadora e teu poder de cura. Que ela descubra como tu fazes toda diferença nesta vida – e na próxima!

Para Pessoas que São como Família

Não repreenda asperamente o homem idoso, mas exorte-o como se ele fosse seu pai; trate os jovens como a irmãos as mulheres idosas, como a mães; e as moças, como a irmãs, com toda a pureza.

1 TIMÓTEO 5:1,2

Senhor, louvo e agradeço por tu teres trazido para minha vida pessoas que posso chamar de "família" – além das que tenho laços de sangue. Estimo meus amigos, a família de fiéis e todas as pessoas em minha vida que são como família para mim. Mantenha-nos próximos e conectados. Ajude nossos relacionamentos a serem amorosos e encorajadores. Dê-me graça, Senhor, para tratar meus irmãos e irmãs como eu mesma gostaria de ser tratada.

Minha nação

O poder do respeito pela autoridade

Como é feliz a nação que tem o Senhor como Deus, o povo que ele escolheu para lhe pertencer!

Salmo 33:12

Os Estados Unidos da América foram fundados em princípios divinos por homens e mulheres de fé que oravam. "A constituição dos Estados Unidos, um documento que serviu como base para o país mais livre na história mundial, é amplamente o produto de homens cristãos com visão bíblica", afirma o Dr. D. James Kennedy em *One Nation Under God*.[16]

Deus abençoou nosso país. Aqui podemos louvar com liberdade em qualquer Igreja que escolhermos, votar em nossos líderes políticos e viver em relativa paz e liberdade. Mas mesmo sabendo que nossa herança espiritual é rica, a fábrica moral está se desfazendo há décadas. Muitas questões sociais controversas são calorosamente debatidas, seja nos corredores de poder de Washington ou até nas cafeterias nas planícies de Nebraska.

Hoje precisamos orar pelos Estados Unidos – ou por qualquer país onde você viva. É urgente. Como fiéis, temos a autoridade e o privilégio de vir diante de Deus para pedir por uma reforma. O renascimento é possível quando procuramos Deus e nos colocamos no caminho para interceder pela nossa nação. Que nós nunca sejamos como as pessoas da época de Ezequiel, descritas pelo próprio Deus: "Procurei entre eles um homem que erguesse o muro e se pusesse na brecha diante de mim e em favor desta terra, para que eu não a destruísse, mas não encontrei nenhum" (Ezequiel 22:30).

Podemos melhorar o terreno espiritual de nossa nação pelo poder da oração – pois a oração toca o coração de Deus e o faz agir. No livro Êxodo 34, lemos como Moisés intercedeu com sucesso por Israel.

Como podemos orar com força por nossa nação? O primeiro passo é vir diante de Deus com um coração humilde e arrependido. "Se o meu povo, que se chama pelo meu nome, se humilhar e orar, buscar a minha face e se afastar dos seus maus caminhos, dos céus o ouvirei, perdoarei o seu pecado e curarei a sua terra" (2 Crônicas 7:14). Com corações humildes, podemos então orar por e nos submeter àqueles que são autoridade sobre nós (Romanos 13:1-7), dando para eles o respeito e a honra que eles merecem.

Finalmente, precisamos lembrar que apesar de prometermos aliança à nossa nação, nossa verdadeira cidadania se encontra nos céus. Como Gregory A. Boyd escreveu em *The Myth of a Christian Nation*: "Como pessoas cuja cidadania está nos céus antes de estar em qualquer nação (Filipenses 3:20), e cuja identidade do reino está enraizada em Jesus antes de estar em qualquer partido político, nós nunca devemos esquecer que a única forma de representarmos, individual e coletivamente, o reino de Deus é através do amor, do jeito de Cristo, pelos atos de sacrifício de serviço para outras pessoas."[17]

Deus Abençoe a América

Deem graças ao Senhor, proclamem o seu nome; divulguem os seus feitos entre as nações.

SALMO 105:1

Louvo a ti, Senhor, agradecendo por essa grande nação. Tu abençoaste a América! Obrigada por tua paz. Obrigada pela liberdade de expressão e por votarmos em nossos líderes. Somos uma nação de pessoas independentes, Senhor, e oro para que respeitemos uns aos outros. Ajude-nos a preservar valores divinos enquanto procuramos honrar a autoridade daqueles que governam nosso país. Por favor, mantenha os Estados Unidos unidos – como um país forte que procura seu semblante e favor.

Respeito pela Autoridade

Portanto, aquele que se rebela contra a autoridade está se colocando contra o que Deus instituiu, e aqueles que assim procedem trazem condenação sobre si mesmos. Pois os governantes não devem ser temidos, a não ser pelos que praticam o mal. Você quer viver livre do medo da autoridade? Pratique o bem, e ela o enaltecerá.

ROMANOS 13:2,3

Senhor, oro pelos homens e mulheres que têm influência e poder em nossa nação. De policiais à Suprema Corte, dê para eles a consciência de fazer o que é certo – mesmo quando certo e errado parecem intercambiáveis nos dias de hoje. Oro para que nossos líderes mantenham a credibilidade para que nós, americanos, possamos honrar e respeitá-los. Por favor, ajude-nos a treinar nossos filhos para respeitarem a autoridade também. Oro pela integridade e moralidade de todos aqueles que têm autoridade em nossa República, Senhor.

Orando pelos Líderes da Nação

Antes de tudo, recomendo que se façam súplicas, orações, intercessões e ações de graça por todos os homens; pelos reis e por todos os que exercem autoridade, para que tenhamos uma vida tranquila e pacífica, com toda a piedade e dignidade.

1 TIMÓTEO 2:1,2

Senhor, oro pelos líderes de nossa nação e peço que tu dês para eles a habilidade de tomar decisões sábias, de governar com integridade e de realizar seus afazeres de forma que desenvolvam a nossa nação. Que todas as pessoas pelas quais oro neste momento tragam glória e honra a teu nome enquanto servem a nosso país: o presidente; o vice-presidente; os ministros de Estado, de Defesa, do Departamento de Segurança, do Interior, da Fazenda, Agricultura, Comércio, Trabalho, Transporte, Educação, Assuntos de Veteranos, Saúde e Serviços Sociais, Habitação e Desenvolvimento Urbano; o procurador geral; o conselheiro de Segurança Nacional; o diretor da Inteligência Nacional; e os juízes da Suprema Corte.

Orando pelos Líderes de Estado

> *A sabedoria torna o sábio mais poderoso que uma cidade guardada por dez valentes.*
>
> ECLESIASTES 7:19

Senhor, oro pelos homens e mulheres no governo estatal – que eles façam boa política, com humildade e divinas decisões. Abençoe a vida deles enquanto eles equilibram o trabalho e suas famílias. Dê para eles força e integridade para governarem com sabedoria. Que todas as pessoas pelas quais oro neste momento sejam administradores fiéis de seus escritórios e sirvam às pessoas de nosso Estado pela glória do nome de Deus: nossos representantes de Estado e senadores, nossos governadores e os juízes de nossa Suprema Corte.

Orando pelos Líderes Locais

A oração de um justo é poderosa e eficaz.

TIAGO 5:6

Senhor, oro para que os líderes de nossa cidade e os próximos a nós liderem com integridade, honestidade e justiça. Que eles sejam famintos pelo teu poder, não por temporariamente terem controle sobre outras pessoas. Que todas as pessoas pelas quais oro neste momento liderem com justiça, graça e misericórdia enquanto servem a nossa comunidade pela tua glória: o prefeito, os juízes e oficiais da corte, membros da polícia e do corpo de bombeiros e outros líderes civis.

Orando pelas Forças Armadas

O Senhor é a minha força e o meu escudo; nele o meu coração confia, e dele recebo ajuda.

SALMO 28:7

Senhor, agradeço por todos os homens e mulheres servindo nossas forças armadas. Eles escolheram colocar sua vida na frente de batalha para que possamos ter a nossa liberdade e paz – e por isso fico verdadeiramente grata.

Peço que tu os abençoes pela sua lealdade e serviço. Proteja-os e mantenha-os a salvo. Conforte-os e dê para eles força quando estiverem longe daqueles que amam. Abençoe também as famílias que enviam soldados para a guerra ou para serviços em outros países. Oro para que tu atendas todas as necessidades deles, Senhor.

Integridade da Família

> *Ele e toda a sua família eram piedosos e tementes a Deus; dava muitas esmolas ao povo e orava continuamente a Deus.*
>
> ATOS 10:2

Senhor, agradeço pelas famílias em nossa nação que estão te seguindo e generosamente servindo a pessoas necessitadas. Oro para que tu cries mais famílias dedicadas a preservar os teus valores. Peço que os casamentos sejam fortes e saudáveis – e quando não forem, por favor, restaure a integridade delcs. Oro por crianças obedientes, não rebeldes. Oramos por renascimento por todo o país. Que nossas famílias o louvem, Senhor, e o coloquem em primeiro lugar.

Educação

> *Lembre a todos que se sujeitem aos governantes e às autoridades, sejam obedientes, estejam sempre prontos*

a fazer tudo o que é bom, não caluniem ninguém, sejam pacíficos, amáveis e mostrem sempre verdadeira mansidão para com todos os homens.

TITO 3:1,2

Senhor, precisamos da tua presença em nossas escolas e sistema educacional. Oro para que os professores e administradores liderem com bondade, paciência e força enquanto servem às nossas crianças diariamente. Ajude-os a serem conhecedores e preparados. Dê para eles energia e bons corações. Oro para que os estudantes obedeçam às autoridades na escola e aprendam o que precisam saber. Que nossas escolas sejam lugares seguros para as crianças se prepararem para o trabalho, ministério, serviço e para a vida.

Mídia e Indústria do Entretenimento

Peçam, e lhes será dado; busquem, e encontrarão; batam, e a porta lhes será aberta. Pois todo o que pede, recebe; o que busca, encontra; e àquele que bate, a porta será aberta.

MATEUS 7:7,8

Senhor, peço em nome de Jesus que tu tragas luz para os lugares escuros de Hollywood e da indústria de entretenimento. Por favor, suscite pessoas criativas com bons valores para escrever e produzir um entretenimento que seja saudável, nutritivo e positivo. Oro contra as mensagens negativas – a violência intensa e a sexualidade, mostradas na internet, televisão e cinemas, e em livros, músicas, revistas e outras mídias. Peço, procuro e bato em tua porta, Senhor. Abra caminho para um novo dia iluminado nas escolhas do entretenimento e da mídia de nossa nação.

Bênçãos para a Obediência

> *Se vocês obedecerem fielmente ao Senhor, o seu Deus, e seguirem cuidadosamente todos os seus mandamentos que hoje lhes dou, o Senhor, o seu Deus, os colocarão muito acima de todas as nações da terra. Todas estas bênçãos virão sobre vocês e os acompanharão, se vocês obedecerem ao Senhor, o seu Deus: Vocês serão abençoados na cidade e serão abençoados no campo. Os filhos do seu ventre serão abençoados, como também as colheitas da sua terra e os bezerros e os cordeiros dos seus rebanhos. A sua cesta e a sua amassadeira serão abençoadas. Vocês serão abençoados em tudo o que fizerem.*
>
> DEUTERONÔMIO 28:1-6

Senhor, me curvo humildemente diante de ti e te agradeço pelo poder de obedecer e seguir tuas maneiras. Às vezes não é fácil, e sei que não conseguiria sem a tua ajuda. A Palavra nos diz que a obediência nos leva às bênçãos. Não quero perder minhas bênçãos. Não quero que a minha família ou amigos – ou qualquer outra pessoa – percam as bênçãos em suas vidas. Então peço perdão quando tiver feito algo de errado e força para tomar melhores decisões. Ajude todos nós a andar na fé, fortalecidos pelo teu Espírito Santo.

Ame seus Inimigos

> *Mas eu digo a vocês que estão me ouvindo: Amem os seus inimigos, façam o bem aos que os odeiam, abençoem os que os amaldiçoam, orem por aqueles que os maltratam.*
>
> LUCAS 6:27,28

Senhor, é difícil amar essas pessoas que estão contra mim e contra o meu país. Posso não gostar deles, mas peço pela tua força para amar esses inimigos. Teu amor surpreendente e forte vence o medo e a opressão. Ajude-me a passar pelo meu medo, preconceito e indiferença para abençoar aqueles que odeiam e magoam. Creio em tuas promessas, sabendo que o que quer que aconteça, nossa bandeira estará fincada pela liberdade, e a cruz continua, significando vitória.

Curando nossa Terra

> *Se o meu povo, que se chama pelo meu nome, se humilhar e orar, buscar a minha face e se afastar dos seus maus caminhos, dos céus o ouvirei, perdoarei o seu pecado e curarei a sua terra.*
>
> 2 CRÔNICAS 7:14

Senhor, a fábrica de nossa sociedade está se desfazendo há algum tempo. Pelas nossas decepções, testes e adversidades, nós humildemente te pedimos que cure os problemas sociais de nossa terra. Dê para aqueles na pobreza. Cure os odiosos e preconceituosos. Intervenha e destrua os baluartes do aborto, pornografia e abuso de drogas que devastam tantas famílias e comunidades. Que a cura comece enquanto aqueles de nós que acreditam em ti chamam por teu nome, procurem teu rosto e nos distanciamos de nossas maneiras estranhas – para que tu possas ouvir dos céus, perdoar nossos pecados e curar nossa terra.

Renascimento Espiritual na América

Abraão será o pai de uma nação grande e poderosa, e por meio dele todas as nações da terra serão abençoadas.

GÊNESIS 18:18

Reviva-nos, ó Senhor! Oro por um despertar de esperança, cura e salvação na América. Perdoe nossos pecados e os pecados de nossa gente. Que nossa nação realize seu grande destino e propósito. Desperte-nos para nossas necessidades para contigo e nossa total dependência em ti. Abençoe-nos, Senhor, para que sejamos uma nação que é forte – para que possamos ser fortes por dentro e uma bênção para outras nações da terra.

Cidadãos dos Céus

A nossa cidadania, porém, está nos céus, de onde esperamos ansiosamente o Salvador, o Senhor Jesus Cristo.

FILIPENSES 3:20

Senhor, estou grata por ser uma cidadã dos Estados Unidos da América. Apesar de residir aqui, minha verdadeira cidadania está nos céus. Obrigada pelo meu "passaporte", a salvação que permite a minha entrada em teu reino dos céus. Enquanto viajo por esta vida em meu caminho até ti, que eu seja sábia, amável e doadora em meu pequeno canto no mundo.

Meus sonhos e objetivos

O poder da entrega

Tornamo-nos o que somos chamados para ser através da oração.

Eugene Peterson

Você se lembra de sonhar acordada quando criança sobre o que gostaria de ser quando crescesse? Muitos de nós sim. Se pensávamos que seríamos bailarinas ou pediatras, estrelas de cinema ou biólogas marinhas, muitas de nós perdemos a noção desses nossos sonhos. Talvez o medo tenha nos mantido distantes de correr riscos, ou tenha nos faltado motivação, dinheiro ou o tempo tenha nos segurado. O que gostaríamos de ser – e não necessariamente nossas escolhas profissionais – descarrilaram.

Seja lá quais forem as razões, nunca é tarde demais para sonhar novamente e descobrir a vontade de Deus para a próxima estação de nossa vida.

Talvez você queira começar seu próprio negócio ou voltar para a escola. Talvez o seu desejo seja buscar algo mais gratificante, tal como o voluntariado ou ser mentor da juventude. Talvez você realmente queira mais tempo de proximidade com sua família. Ou, se você é solteira, talvez queira encontrar um homem que seja o seu par ideal, alguém para dividir a sua vida. Talvez seja hora de uma mudança, mas você não sabe como ir de onde está agora para onde gostaria de estar.

"Mais coisas são forjadas através da oração do que este mundo pode imaginar", disse Alfred Lord Tennyson.[18] Orar com força por nossas metas requer primeiro que nós as entreguemos a Deus, estando capazes de aceitar os planos de Deus não importando qual o resultado. Jesus Cristo se rendeu com suas palavras e suas ações quando ele orou com seu rosto voltado para o chão: "Meu Pai, se for possível, afasta de mim este cálice; contudo, não seja como eu quero, mas sim como tu queres" (Mateus 26:39). Deus não respondeu à oração de seu próprio filho da forma como Jesus queria. Em vez disso, ele levou Jesus a algo incompreensivelmente difícil, mas ainda assim glorioso. O "não" de Deus se tornou um "sim" para toda a humanidade. Nós talvez não entendamos a maneira de Deus, mas podemos nos confortar em saber que quando Deus adia – ou redireciona – é por uma boa razão.

Enquanto procuramos pela vontade de Deus para nossos sonhos e metas, lhe pedimos para confirmar se estamos na direção certa. O Salmo 37:23 diz: "O Senhor firma os passos de um homem, quando a conduta deste lhe agrada." Esse versículo traz a imagem de um lago em Minnesota congelado em minha mente: se você dá um passo e o gelo é sólido, continuará andando. Mas se o gelo começar a rachar embaixo de seus pés, você sabe que o mais inteligente é seguir em outra direção. Deus planta sonhos em nosso coração, e enquanto nos mantemos conectados a ele por meio das orações, ele revela a direção de cada passo do caminho.

A oração é a chave da conquista de nossos ideais, não importando em que fase da jornada estamos – planejamento, trabalho ou "vivendo o sonho". A oração nos dá paciência, orientação e direção. Quando comprometemos nossos sonhos com Deus (Salmo 37:4,5), podemos orar fortemente com sinceridade e corações rendidos. Planejamos nosso trabalho e trabalhamos nosso plano – e confiamos em Deus durante todo o processo.

Ousando em Sonhar

Deleite-se no Senhor, e ele atenderá aos desejos do seu coração.

SALMO 37:4

Querido provedor de sonhos, acredito que tu colocaste sonhos em mim que ainda estão para se realizar. Ensine-me a me deliciar em ti enquanto persigo os desejos de meu coração. Mostre-me a tua vontade perfeita – que caminharei tão longe e tão rápido quanto tu queiras, nunca mais nem menos. Conceda-me a sapiência de que preciso para realizar os teus planos para a minha vida e a humildade para dar a glória para ti.

Conhecendo a Vontade de Deus

Não se amoldem ao padrão deste mundo, mas transformem-se pela renovação da sua mente, para que sejam capazes de experimentar e comprovar a boa, agradável e perfeita vontade de Deus.

ROMANOS 12:2

Senhor, comprometo minhas aspirações contigo. Dê-me a coragem para trabalhar em minhas próprias metas e não ser balançada pelas opiniões dos outros. Renove minha mente e meu espírito para que eu possa ser capaz de testar e aprovar o que a tua vontade é – tua vontade boa, agradável e perfeita. Não tenho que ter medo do que vou perder – posso saber que tu trarás pessoas e circunstâncias para a minha vida por uma razão. Obrigada pela segurança com a qual tu me dirigirás em teus bons propósitos.

O Deus que se Importa

Sabes muito bem quando trabalho e quando descanso; todos os meus caminhos são bem conhecidos por ti.

SALMO 139:3

Senhor, agradeço, pois tu és um Deus que se importa! Tu queres o melhor para mim, e tu estás constantemente desenhando os próximos passos dessa jornada da minha vida. Com força, ainda assim gentil e doce, tu te delicias ao nos dar sonhos – e os recursos para atingir nossas metas. Oro por sonhos que sejam dignos e maravilhosos. Fortaleça-me, Deus gracioso, para eu ser uma mulher de ação que confia em ti.

O Provedor de Direção

Eu o instruirei e o ensinarei no caminho que você deve seguir; eu o aconselharei e cuidarei de você.

SALMO 32:8

Senhor, aprecio a tua mão sábia que dirige. Tu me instruis e me ensinas a forma como devo andar; tu me aconselhas e cuidas de mim. Que bênção! Quanto privilégio! Ninguém conhece meu coração e os meus sonhos de vida como tu, Senhor. Acalme-me e me ajude a ouvir para que eu possa ouvir o teu direcionamento. E quando eu ouvir, me dê a coragem de andar para frente, sabendo que tu estarás sempre perto. Tu estarás comigo a cada passo do caminho, Senhor.

Confiando na Sabedoria de Deus

Pois o Senhor é quem dá sabedoria; de sua boca procedem o conhecimento e o discernimento.

PROVÉRBIOS 2:6

Senhor, que bênção é ser capaz de vir diante de ti – o ser mais sábio e inteligente de todo o universo. Tenho acesso direto, máxima prioridade. Obrigada por me conceder sabedoria e direcionamento, mesmo quando não consigo enxergar o caminho. Conhecimento e discernimento vêm diretamente de tua boca, Senhor, e tu te delicias em nos iluminar. Oro para ti e peço por um insight contínuo enquanto meus sonhos se tornam metas conquistáveis.

Nada é Difícil Demais para Deus

Eu sou o Senhor, o Deus de toda a humanidade. Há alguma coisa difícil demais para mim?

JEREMIAS 2:17

Senhor, quero que as coisas sejam diferentes em minha vida – mas há tantos obstáculos. Preciso de energia e motivação para continuar. Preciso de financiamento e de mais tempo. Mais do que tudo, preciso confiar mais em ti. Nada é tão difícil para ti, Pai. Tu podes fazer tudo! Apesar de todas as minhas necessidades e distrações, por favor, traga para a minha vida o favor e a abertura – por favor, trace meu caminho. Peço que tu me ajudes a conquistar as metas em minha vida que mais se ajustem aos teus propósitos.

Sendo uma Mulher de Ação

Assim também a fé, por si só, se não for acompanhada de obras, está morta.

TIAGO 2:17

Senhor, quero ser uma mulher de ação – uma mulher de fé verdadeira. A fé por si só – se apenas acompanhada de pensamentos e palavras – está morta. Ela tem que ser acompanhada por minhas ações, Senhor. Oro pela sabedoria para saber quando me arriscar, quando agir e quando esperar. Ajude-me a saber a coisa certa a fazer e o melhor tempo para fazê-la. Coloque a fé verdadeira em mim, Senhor, para que eu possa executar os bons trabalhos que tu tens para eu realizar.

Confiando nos Planos de Deus para a Minha Vida

"Porque sou eu que conheço os planos que tenho para vocês", diz o Senhor, "planos de fazê-los prosperar e não de lhes causar dano, planos de dar-lhes esperança e um futuro".

JEREMIAS 29:11

Senhor, tu és o Deus da fé. Tenho esperança em meu futuro por conta de tuas boas promessas. Ninguém mais é como tu. As pessoas se mudam para longe, os empregos mudam e muito de nossa vida é incerta. Mas tu sempre estás aqui, meu Senhor estável, amável e presente. Ajude-me a segurar com firmeza a esperança que professo, pois tu sozinho és confiável. Tu manténs todas as tuas promessas – todas elas, todas as vezes – e lhe agradeço por isso, Senhor.

Deus é Fiel

Aquele que os chama é fiel, e fará isso.

1 TESSALONICENSES 5:24

Senhor, eu agradeço pois você é meu Deus fiel. Ninguém mais é como você. As pessoas de mudam para longe, os empregos mudam, e muito da vida é incerta. Mas você sempre está aqui, meu senhor estável, amoroso, e presente. Ajude-me a me segurar firmemente à esperança que professo, pois você sozinho é fiel. Você mantém todas as suas promessas – cada uma delas, todas as vezes – e eu lhe agradeço por isto, Senhor.

Rendendo seus Sonhos

Indo um pouco mais adiante, prostrou-se com o rosto em terra e orou: "Meu Pai, se for possível, afasta de mim este cálice; contudo, não seja como eu quero, mas sim como tu queres."

MATEUS 26:39

Senhor, me curvo humildemente diante de ti e te dou meus sonhos. Desisto do controle. Rendo minha vontade pela tua.

Quando eu estiver tentada a fazer as coisas da minha maneira, que eu procure por teu direcionamento ao invés disso. Quando eu estiver muito agressiva, tentando fazer as coisas acontecerem sozinha, me dê a misericórdia para ver que a tua graça tem tudo coberto. Não tenho que ter medo, Senhor. Irei confiar em ti para atender às minhas necessidades.

Paciência "No Meio Tempo"

> *Portanto, irmãos, sejam pacientes até a vinda do Senhor. Vejam como o agricultor aguarda que a terra produza a preciosa colheita e como espera com paciência até virem as chuvas do outono e da primavera.*
>
> TIAGO 5:7

Senhor, é difícil esperar. Existem tantas coisas que quero, e fico inclinada a seguir em frente e "fazê-las de uma vez". Mas tu nos dás a estação do "meio tempo" por uma razão. Peço por paciência e coragem para esperar bem. Ajude-me a ser uma mulher sábia, sabendo que tu tens razões para os atrasos. Tu não estás apenas matando o tempo, Senhor – tu estás organizando os eventos e moldando meu caráter. Rendo-me ao teu tempo, Senhor.

O Poder de Deus em Obter Sucesso

> *Será que vocês são tão insensatos que, tendo começado pelo Espírito, querem agora se aperfeiçoar pelo esforço próprio?*
>
> GÁLATAS 3:3

Senhor, quero ser tua parceira nesta vida enquanto cooperamos em preces e ações. Ajude-me a ser uma mulher sábia, não uma tola. Quero ter sucesso em todas as minhas áreas, mas escolho render a ti primeiro. E acredito que tu irás me mostrar o caminho para conquistar minhas metas, não por meio de esforço humano, mas pelo trabalho de tuas mãos fortes e poderosas.

Avance!

Não que eu já tenha obtido tudo isso ou tenha sido aperfeiçoado, mas prossigo para alcançá-lo, pois para isso também fui alcançado por Cristo Jesus.

FILIPENSES 3:12

Senhor, quando eu estiver cansada, ajude-me a avançar. Quando eu estiver desencorajada, dê-me esperança. Preencha-me com a força de teu Espírito Santo para que eu persevere no caminho em que tu me colocaste. Não posso viver esta vida sozinha. Sei disso, Senhor. Que a tua poderosa presença esteja em mim. Que a tua luz ilumine meu espírito. Peço, por favor, bênçãos em todas as minhas tarefas. E te agradeço por tudo o que tu fizeste e estás fazendo.

Crendo na Esperança

Abraão, contra toda esperança, em esperança creu, tornando-se assim pai de muitas nações, como foi dito a seu respeito: "Assim será a sua descendência."

ROMANOS 4:18

Senhor, ajude-me a crer na esperança. Sustente-me de acordo com as tuas promessas. Abraão tinha uma grande fé em ti, Senhor, e se tornou o pai de muitas nações – assim como tu havias prometido a ele. Apesar de ele já ser velho, tu proveste um filho para ele e sua esposa, Sara. Da mesma forma que tu fizeste com ele, Senhor, por favor satisfaça minhas vontades – e a tua visão para o teu propósito em minha vida.

Minha história pessoal

O poder da transformação

Esqueçam o que se foi; não vivam no passado. Vejam, estou fazendo uma coisa nova! Ela já está surgindo! Vocês não a reconhecem? Até no deserto vou abrir um caminho e riachos no ermo.

Isaías 43:18,19

Nos últimos dias de dezembro, uma garotinha de dez anos faz um alegre boneco de neve com suas amigas. Depois que elas saem, ela fica um pouco mais do lado de fora, macerando seus últimos momentos de brincadeira e vendo a tarde se transformar em crepúsculo. Ela ouve o vento passando pelos enormes carvalhos ao seu redor e ao silêncio que se segue. Na sua quieta imobilidade, sorri. Ela está feliz.

Quando olho para trás, para aquela memória inocente de criança – um pedaço de minha própria história – nunca imaginaria naquele dia que o meu mundo iria mudar. Alguns anos depois, meus pais iriam se divorciar e eu me mudaria para outra cidade – e então para outra. Meu espírito naquela época não teria compreendido o efeito devastador da doença de um familiar ou de términos de namoros. Por outro lado, não teria imaginado quão maravilhoso é segurar um sobrinho recém-nascido ou viver no esplendor majestoso do sopé das Montanhas Rochosas. Naquele dia de inverno, não sabia que a melhor coisa que iria aparecer em minha vida estava logo ali na esquina – e seu nome era Jesus.

Todas nós temos passado. Nós sorrimos de algumas lembranças. Mas enquanto muitas memórias são felizes, outras machucam. Nós sofremos o abandono algumas vezes, abuso ou tragédia, e ainda abrigamos dor e raiva.

Apesar de não podermos mudar o que aconteceu, podemos mudar a nossa perspectiva. Com o poder da oração, podemos aprender com o nosso passado, encontrar cura e ficar gratas pelos bons momentos que Deus nos dá.

A mulher samaritana que encontramos em João 4 tinha um passado que queria esconder. Ela havia sido casada cinco vezes – e estava vivendo com um sexto homem que não era seu marido. Quando ela conheceu Jesus perto de um poço, ao meio-dia, ficou surpresa por ele já saber tudo sobre ela. Apesar de sua história feia, ele lhe ofereceu um belo futuro. "Na opinião de Jesus, a mulher sem futuro tinha um; a mulher com uma corrente de falhas está prestes a ter a corrente quebrada. Jesus vê seu desejo presente, o que faz o passado dela irrelevante", diz Michael Yaconelly em *Messy Spirituality*. "Jesus pode redimir nosso passado, não importando que tipo de passado nós trazemos conosco: fracassos, erros, más decisões, imaturidade e mesmo um passado que foi feito para nós."[19]

Se fomos nós que estragamos tudo – ou se foi outra pessoa que nos machucou – podemos dar nosso passado para Deus em oração. Ele é capaz de redimi-lo. Podemos experimentar a cura de nossa dor e nos libertar dela.

Como essa transformação acontece é um mistério – mas quando oramos sobre nosso "ontem", podemos encontrar a cura para o nosso hoje e esperança para o nosso amanhã.

Voltando para o Senhor

> *Rasguem o coração, e não as vestes. Voltem-se para o Senhor, o seu Deus, pois ele é misericordioso e compassivo, muito paciente e cheio de amor; arrepende-se, e não envia a desgraça.*
>
> JOEL 2:13

Senhor, algumas das coisas em meu passado me levaram para longe de ti. Quero voltar e estar quite contigo novamente. Peço por perdão pelas coisas que fiz de errado – tanto em meu passado distante quanto no meu passado recente. Estou tão feliz, pois tu és gracioso e compassivo. Aqui estou eu, Senhor. Volto-me para ti.

Perdoando Outros

Não julguem, e vocês não serão julgados. Não condenem, e não serão condenados. Perdoem, e serão perdoados.

LUCAS 6:37

Senhor, perdoar pode ser tão difícil – especialmente quando sinto que outras pessoas não merecem. Mas não mereço o teu perdão também, e tu me perdoas livremente quando peço por perdão. Por causa da tua grande misericórdia comigo, ajude-me a perdoar as pessoas que me machucaram no passado. Ajude-me a saber que o perdão não é desculpar – mas que me liberta para a tua liberdade. Deixo a retribuição para ti, Deus da justiça e do amor.

Nós Precisamos Lembrar

E em Gilgal Josué ergueu as doze pedras tiradas do Jordão. Disse ele aos israelitas: "No futuro, quando os filhos perguntarem aos seus pais: 'Que significam essas pedras?', expliquem a eles: Aqui Israel atravessou o Jordão em terra seca. Pois o Senhor, o seu Deus, secou o Jordão perante vocês até que o tivessem atravessado. O Senhor, o seu Deus, fez com o Jordão como fizera com o mar Vermelho, quando o secou diante de nós até que o tivéssemos atravessado."

JOSUÉ 4:20-23

Senhor, quero lembrar as coisas boas que tu fizeste por mim no passado. Como as pedras que os israelitas tiraram do

Rio Jordão. Preciso de minhas próprias "pedras das lembranças" de tuas misericórdias em minha vida. Tu desempenhaste milagres para eles – permitindo que eles atravessassem o rio em terra firme, abrindo o Mar Vermelho – para que as pessoas hoje saibam da tua mão forte. Enquanto me lembro das formas como tu me ajudaste durante a minha vida, eu te honro.

Nós Precisamos Esquecer

Não que eu já tenha obtido tudo isso ou tenha sido aperfeiçoado, mas prossigo para alcançá-lo, pois para isso também fui alcançado por Cristo Jesus. Irmãos, não penso que eu mesmo já o tenha alcançado, mas uma coisa faço: esquecendo-me das coisas que ficaram para trás e avançando para as que estão adiante, prossigo para o alvo, a fim de ganhar o prêmio do chamado celestial de Deus em Cristo Jesus.

FILIPENSES 2:12-14

Senhor, ajude-me a esquecer as coisas de meu passado que preciso deixar para trás. Dê-me a coragem para avançar. Existe uma meta esperando por mim, uma recompensa no céu – e quero ganhar o prêmio! Tu, Jesus, estavas sempre falando sobre os negócios de teu pai. Ajude-me a olhar para frente e prosseguir, marchando corajosamente em direção ao futuro. Posso não saber o que vai acontecer daqui para frente, mas conheço quem sabe.

Deixando o Passado Ir

Os meus olhos estão sempre voltados para o Senhor, pois só ele tira os meus pés da armadilha.

SALMO 25:15

Senhor, é difícil deixar para trás as coisas com as quais estamos confortáveis e familiarizadas, mesmo quando elas não são melhores para mim. Preciso de teu forte poder para me libertar do meu apego, dedo por dedo, das coisas que seguro com tanta força – como formas não saudáveis de pensar ou relacionamentos que não estão dando frutos. Enquanto eu as liberto para ti, dê-me a coragem de receber tudo o que tu esteves esperando para dar para minhas mãos vazias e confiáveis.

Aprendendo com o Passado

Não só isso, mas também nos gloriamos nas tribulações, porque sabemos que a tribulação produz perseverança; a perseverança, um caráter aprovado; e o caráter aprovado, esperança.

ROMANOS 5:3,4

Senhor, agradeço pela tua paciência enquanto aprendo lições importantes com o meu passado. Não quero repetir meus erros, Senhor. As tuas maneiras não são as nossas, mas elas são melhores. Elas trazem cura e vida. Enquanto aprendo a gozar no sofrimento que experimentei, posso ver a tua mão me ensinando perseverança; da perseverança desenvolvo caráter e do caráter tenho esperança.

Vivendo no Presente

> *Venham! Adoremos prostrados e ajoelhemos diante do Senhor, o nosso Criador; pois ele é o nosso Deus, e nós somos o povo do seu pastoreio, o rebanho que ele conduz. Hoje, se vocês ouvirem a sua voz, não endureçam o coração.*
>
> SALMO 95:6-8

Senhor, venho acampando no passado por muito tempo. Puxe as estacas da minha barraca e me ajude a seguir em frente. Há tanto para viver hoje! O passado acabou e o futuro aguarda. Hoje escolho te adorar, meu Senhor e Criador. Quando ouvir a tua voz, que meu coração esteja amolecido – não endurecido ou exaurido pelo passado. O hoje é um presente; celebro o presente contigo, Senhor.

Superando a Opressão

> *Pois estou convencido de que nem morte nem vida, nem anjos nem demônios, nem o presente nem o futuro, nem quaisquer poderes, nem altura nem profundidade, nem qualquer outra coisa na criação será capaz de nos separar do amor de Deus que está em Cristo Jesus, nosso Senhor.*
>
> ROMANOS 8:38,39

Senhor, peço pelo teu poder para curar-me da opressão. Oro contra o mal e pelo bem. Oro pelo sangue vertido por Jesus em minha vida. Mantenha-me segura e protegida. Não há nada, nem uma coisinha, que possa me manter longe de ti – nem a morte nem a vida, nem anjos nem demônios, nem o presente nem o futuro, nem poder algum, nem altura ou profundidade, nem nada mais na Criação. Cubra-me, Senhor, e esteja próximo de mim hoje.

Mude-me, Senhor

Contudo, Senhor, tu és o nosso Pai. Nós somos o barro; tu és o oleiro. Todos nós somos obra das tuas mãos.

ISAÍAS 64:8

Senhor, tu sabes tudo sobre mim – meu passado, meu presente e meu futuro. Tu és o artesão e eu sou a argila, obra de tuas mãos. Enquanto tu remodelas a minha vida, mudando-me de quem eu era e me moldando na mulher que tu queres que eu seja, ajude-me a confiar em tua sabedoria. Quero ser uma receptora resistente o suficiente para carregar todo o amor que tu tens por mim – e derramá-lo em outras pessoas.

A Verdade o Liberta

Disse Jesus aos judeus que haviam crido nele: "Se vocês permanecerem firmes na minha palavra, verdadeiramente serão meus discípulos. E conhecerão a verdade, e a verdade os libertará."

JOÃO 8:31,32

Senhor, estou livre! Finalmente! Por tanto tempo fiquei presa em pecado, egoísmo e formas não saudáveis de pensar. Tentei mudar sozinha, mas como uma prisioneira algemada, não tinha esse poder; não conseguia me libertar sozinha. Louvado seja, Senhor, tu abriste as correntes que me seguravam. O teu amor e força me deram forças, Senhor. Escolho continuar no teu caminho e seguir o caminho da liberdade. A tua verdade me libertou!

Mais do que Conquistadores

Mas, em todas estas coisas somos mais que vencedores, por meio daquele que nos amou.

ROMANOS 8:37

Senhor, meu passado é história. Está acabado e não posso mudá-lo. Mas não importa o que aconteceu, as coisas podem ser diferentes desse ponto em diante. Tu és aquele que transforma a tragédia em triunfo. Enquanto olho para o futuro, que eu tenha esperança nas boas coisas que estão para vir e que obtenha vitória em tudo o que faço. Deixe-me ter sucesso, pois Cristo mora em mim. Oriente-me, Senhor, para os teus bons propósitos.

Todas as Coisas Trabalham Juntas por Deus

> *Sabemos que Deus age em todas as coisas para o bem daqueles que o amam, dos que foram chamados de acordo com o seu propósito.*
>
> ROMANOS 8:28

Senhor, às vezes é difícil entender por que as coisas tiveram que acontecer da forma que aconteceram. Tomei algumas decisões pífias, mas outras pessoas fizeram coisas que realmente me machucaram, também. Mesmo que eu venha a nunca compreender totalmente, confio que tu irás resolver tudo da melhor forma, pela tua própria glória. Amo-te, e sei que fui chamada de acordo com os teus propósitos. Colocarei a minha fé em ti.

Deus, Nosso Libertador

> *De todo o meu coração te louvarei, Senhor, meu Deus; glorificarei o teu nome para sempre. Pois grande é o teu amor para comigo; tu me livraste das profundezas do Sheol.*
>
> SALMO 86:12,13

Senhor, não sei onde estaria sem ti. O teu amor é tão forte que tu te abaixaste para me pegar nos momentos mais graves de minha vida. Tu sabes como as coisas têm sido difíceis; achei que iria morrer. Mas não morri. Continuo aqui, e é tudo por conta de teu poder de libertação. Seja louvado, Senhor. Irei louvá-lo, ó Senhor, com todo o meu coração.

Deus, Nosso Curandeiro

A mim que anteriormente fui blasfemo, perseguidor e insolente; mas alcancei misericórdia, porque o fiz por ignorância e na minha incredulidade; contudo, a graça de nosso Senhor transbordou sobre mim, com a fé e o amor que estão em Cristo Jesus.

1 TIMÓTEO 1:13,14

Senhor, preciso de teu toque que cura no meu passado. Vivi muito tempo na ignorância, negação e descrença; achei que nada nunca mudaria. Parece muito tarde. Agora, Senhor, por favor, derrame como uma cachoeira a tua graça abundante em mim. Banhe-me com a cura. Apesar de não merecer, cure meu passado com todos os teus problemas. Tu tens o poder de curar e restaurar. Meu curandeiro, Senhor, ajude-me a andar em vitória.

Minha vida interior

O poder da vida centrada em Cristo

Ao contrário, esteja no ser interior, que não perece, beleza demonstrada num espírito dócil e tranquilo, o que é de grande valor para Deus.

1 Pedro 3:4

As mulheres adoram redecorar. Assistimos a programas de decoração, lemos sobre as últimas tendências e experimentamos novas cores de tinta. Nunca pensamos em manter cuidadosamente o exterior de nossa casa enquanto mantemos o interior sem móveis.

Frequentemente, porém, nosso interior parece uma casa negligenciada. Nós certamente arrumamos tempo para cuidar do exterior de nossos corpos, mas muitas vezes a qualidade do nosso interior está em falta.

Nós temos boas intenções. Queremos fazer da oração uma prioridade, mas estamos correndo atrás de filhos pequenos o dia inteiro. Ou adoraríamos nos sentar no sofá e refletir sobre a bondade de Deus – mas temos que acordar às cinco da manhã para uma longa viagem ao trabalho. O passo agitado do dia a dia muitas vezes nos faz sentir como fazeres humanos e não como seres humanos. Oração, reflexão e descanso se tornam os quartos vazios de nossa casa quando não temos tempo para eles. Precisamos do poder do Espírito Santo para ter o nosso interior redecorado.

Cultivar nosso interior não é egoísta – é inteligente e bíblico. Deus valoriza o interior; a beleza de um espírito dócil e tranquilo é de grande valia para ele (1 Pedro 3:4). Em Provérbios 4:23 somos admoestados a guardar nosso coração, a fonte da vida.

Tomar conta de nós mesmas, tanto por dentro quanto por fora, é vital para a nossa sobrevivência. Quando a nossa identidade está solidamente enraizada em quem somos em Cristo, temos mais confiança. Reconectadas à fonte de poder e amor – Deus Todo Poderoso – temos recursos para sermos limpas, curadas e preenchidas. E quando estamos descansadas e reabastecidas, temos mais a dar do que os outros.

Apesar de Deus não ter terminado nenhum de nós ainda, ainda temos uma vida de orações poderosas quando somos bem alimentadas espiritualmente. Peça a Deus por fome pela Palavra dele. Tire tempo para pensar quando lê e medita sobre isso. Ore para que Deus revele para você o seu valor verdadeiro diante dos olhos dele. Peça para ele ajudar você a se tornar uma mulher de caráter e integridade, para que você signifique o que diz e mantenha suas promessas e compromissos. Ore contra as tentações e pelo poder para correr delas. Não deixe que pessoas más mexam com você – peça ajuda a Deus (Mateus 26:41).

Ore para que o Senhor fortaleça sua vida de dentro para fora, para ser mais positiva e amigável, e para falar com verdade e bondade. Se você pedir, ele irá ajudá-la a encontrar o caminho. Nas mãos do mestre, seu interior pode se tornar vivo, com uma riqueza e profundidade que colorirá cada parte dele de forma bela.

Renascimento Pessoal

> *Que o próprio Senhor Jesus Cristo e Deus nosso Pai, que nos amou e nos deu eterna consolação e boa esperança pela graça, dêem ânimo ao coração de vocês e os fortaleçam para fazerem sempre o bem, tanto em atos como em palavras.*
>
> 2 TESSALONICENSES 2:16,17

Senhor, negligenciei o tempo ao teu lado, e peço desculpas. Por favor, me perdoe. Seja um vento fresco no repouso de minha vida, e reavive meu espírito. Ajude-me a colocar o egoísmo de lado e a procurar primeiro por ti. Acorde minha alma para a bondade do teu amor, pois tu és o desejo de meu coração. Longe do clamor da televisão e do tráfego, venho para o teu silêncio. Obrigada por me fazer persistir e gozar de teu frescor, alegria e paz.

Limpe meu Coração

Se confessarmos os nossos pecados, ele é fiel e justo para perdoar os nossos pecados e nos purificar de toda injustiça.

1 JOÃO 1:9

Senhor, humildemente peço por perdão dos pecados em minha vida. Arrependo-me e me distancio de fazer coisas erradas. Não sei por que faço as coisas que não quero fazer. Algumas vezes é intencional, outras vezes sou apenas descuidada. Obrigada por teu amor e misericórdia que limpam minha alma e me deixam ficar ao teu lado novamente. Limpe-me, cure-me e faça-me inteira, Senhor.

Fortaleça a Minha Vida

Se vocês, apesar de serem maus, sabem dar boas coisas aos seus filhos, quanto mais o Pai que está nos céus dará o Espírito Santo a quem o pedir!

LUCAS 11:13

Espírito Santo, não posso viver minha vida com minhas próprias forças. Peço que tu venhas e me enchas com a tua presença. Fortaleça-me com discernimento para fazer melhores escolhas na vida e energia para prosperar – não apenas para sobreviver. Dê-me um coração para procurar por ti e servir a outros. Derrame em minha vida mais amor, paz e paciência – para ser uma mãe atenciosa, esposa amorosa, boa amiga e empregada sábia – uma mulher que é abençoada, Senhor.

Fazendo da Oração uma Prioridade

Mas bendito é o homem cuja confiança está no Senhor, cuja confiança nele está.

JEREMIAS 17:7

Senhor, me sinto como uma planta murcha, com folhas secas e amarronzadas. Ajude-me a me conectar contigo em oração para que eu possa crescer forte e saudável – por dentro e por fora – como uma verde e vibrante árvore. Tu és a minha fonte vital de água. Ensine-me a ficar quieta, a ouvir, a absorver o que tu queres revelar para mim neste momento de preenchimento interior. Nessa conversa sagrada, que eu encontre a liberdade, a paz e a alegria – e um caminhar mais próximo a ti.

Vivendo uma Vida de Amor

E o segundo é semelhante a ele: "Ame o seu próximo como a si mesmo."

MATEUS 22:39

Senhor, quero viver uma vida de amor! Mostre-me o que é o amor verdadeiro – o teu amor – para que eu possa recebê-lo e dá-lo para outras pessoas. Ensine-me a me importar com o meu vizinho da mesma forma que tu te importas comigo. Deixe que o amor seja a minha motivação para a ação. Ajude-me a falar palavras gentis e encorajadoras e também a abençoar outras pessoas com as minhas ações. Agradeço-te pelo teu amor maravilhoso, incondicional e tolerante a me sustentar.

Conhecendo seu Valor

Não se vendem dois pardais por uma moedinha? Contudo, nenhum deles cai no chão sem o consentimento do Pai de vocês [...] Portanto, não tenham medo; vocês valem mais do que muitos pardais!

MATEUS 10:29,31

Senhor, procurei pelo meu significado em outros lugares que não o teu coração. Perdoe-me por dar valor ao que outras pessoas pensam ou em meus próprios esforços. Agradeço-te por me valorizares por ser tua filha – e que eu tenha grande valor não importando a minha aparência e o que faço para viver. Tu achas que a beleza que não desbota de um espírito gentil e quieto tem muito valor. Obrigada por me amar e me valorizar, Senhor.

Bonita por Dentro e por Fora

O Senhor, contudo, disse a Samuel: "Não considere sua aparência nem sua altura, pois eu o rejeitei. O Senhor não vê como o homem: o homem vê a aparência, mas o Senhor vê o coração."

1 SAMUEL 16:7

Senhor, o nosso mundo está focado na aparência exterior – boas roupas e boa aparência. Mas tu nunca gostaste disso. As pessoas podem olhar para os penteados e as roupas, mas tu olhas para o coração. Senhor, por favor, me ajude a trabalhar com o que tu me deste por fora – assim como a polir o meu caráter íntimo. Que a tua beleza brilhe através de mim enquanto louvo a ti mais e mais. Seja minha luz interna para que eu possa irradiar o amor de Cristo.

Uma Mulher de Sabedoria

Como é feliz o homem que acha a sabedoria, o homem que obtém entendimento, pois a sabedoria é mais proveitosa do que a prata e rende mais do que o ouro.

PROVÉRBIOS 3:13,14

Senhor, quero ser uma mulher de sabedoria, não uma mulher tola. Ajude-me a fazer as escolhas corretas e conduzir a mim mesma de maneira digna de teu nome. Oro para que eu seja honesta e correta no meu dia a dia para que minhas ações reflitam quem tu és. Ajude-me a agir com integridade, para que eu me torne uma pessoa que mantém suas promessas e compromissos.

Segurança

O Senhor será a sua segurança e o impedirá de cair em armadilha.

PROVÉRBIOS 3:26

Senhor, ajude-me a ter mais segurança, não em mim mesma, mas em ti. Não quero ser orgulhosa ou convencida, mas não quero ser um capacho também. Dê-me um coração educável. Tu tens tanto para me mostrar, e quero aprender tuas maneiras. Aprendendo e crescendo. Estou viva! Sou totalmente dependente de ti, Senhor. Repleta do teu espírito, posso ficar segura e forte.

Autocontrole

Como a cidade com seus muros derrubados, assim é quem não sabe dominar-se.

PROVÉRBIOS 25:28

Senhor, preciso da tua ajuda. Por favor, crie em mim o fruto do autocontrole – em todas as áreas de minha vida. Fortaleça-me para andar no poder de teu Espírito e correr de tentações. Ajude-me a mudar o canal ou a ir para longe da comida ou colocar o meu cartão de crédito longe de meu alcance quando eu o estiver usando demais. Dê-me a força de que preciso para permanecer pura – tanto sexual quanto emocionalmente – perto de homens com os quais não sou casada. Mantenha-me no cerne de tua vontade, Senhor.

Contabilidade

> *Semelhantemente, ensine as mulheres mais velhas a serem reverentes na sua maneira de viver, a não serem caluniadoras nem escravizadas a muito vinho, mas a serem capazes de ensinar o que é bom. Assim, poderão orientar as mulheres mais jovens a amarem seus maridos e seus filhos, a serem prudentes e puras, a estarem ocupadas em casa, e a serem bondosas e sujeitas a seus maridos, a fim de que a palavra de Deus não seja difamada.*
>
> TITO 2:3-5

Senhor, oro por alguém com o qual eu possa dividir meu interior – alguém que me leve em conta. Por favor, forneça um homem maduro que irá me guiar e manterá meus problemas da vida em confidência. Oro por alguém com um coração amoroso – uma pessoa que não me julgue, mas que ore por e comigo. Ajude-me a ser sábia e responsável, mas quando não for, ajude-me a aprender e crescer no meu desenvolvimento espiritual. Quero ser forte em tua força.

Lidando com o Orgulho

> *Por isso, pela graça que me foi dada digo a todos vocês: Ninguém tenha de si mesmo um conceito mais elevado do que*

deve ter; mas, ao contrário, tenha um conceito equilibrado, de acordo com a medida da fé que Deus lhe concedeu.

ROMANOS 12:3

Senhor, tua Palavra diz que não devemos pensar em nós de forma mais elevada do que somos, mas devemos pensar em nós mesmos com a medida da fé que tu nos concedeste. Ajude-me a não ter orgulho, arrogância ou presunção em meu coração – mas quando eu tiver, por favor, me perdoe. Faça-me humilde, Senhor, e eleve-me para que eu seja uma serva por vontade. Com meus olhos voltados para ti, que eu veja as necessidades na vida de outras pessoas.

Administrando o Tempo e as Prioridades

Para tudo há uma ocasião certa; há um tempo certo para cada propósito debaixo do céu.

ECLESIASTES 3:1

Senhor, ajude-me a organizar meus dias para que minhas prioridades reflitam as tuas – para que eu possa gastar meu tempo e energia como tu gostarias que eu gastasse. Em meio à atividade que bombardeia minha vida, me centralize em ti. Ensine-me a ter uma vida centrada em Cristo para que escolhas sábias se sigam. Peço que tu me dês o tempo para terminar o que tu queres feito diariamente.

Sustente-me com a tua motivação, inspiração e entusiasmo nessa fase de minha vida.

Um Coração Agradecido

Alegrem-se sempre. Orem continuamente. Deem graças em todas as circunstâncias, pois esta é a vontade de Deus para vocês em Cristo Jesus.

1 TESSALONICENSES 5:16-18

Senhor, tu és meu Deus – e é de minha alegria entregar-lhe o meu coração. Limpe-me, preencha-me, cure-me e ajude-me a viver com um coração alegre e agradecido. Quero ser uma mulher de oração. Quero fazer a diferença em meu mundo. Por tudo o que tu és e tudo o que fazes, estou grata. Dou-te louvor pelas bênçãos em minha vida.

Meu futuro

O poder da esperança

Estou convencido de que aquele que começou boa obra em vocês, vai completá-la até o dia de Cristo Jesus.

Filipenses 1:6

Jasmine conheceu o abuso emocional e mental por tanto tempo quanto ela conseguia lembrar. Negligenciada como uma garotinha, cresceu para pular de uma relação para outra, procurando alguém que lhe desse valor. Mas nunca funcionava – os homens em sua vida pareciam sempre lembrar-lhe de como ela se sentia horrível consigo mesma.

Com o tempo, Jasmine se tornou suicida. Apenas uma coisa a impedia de terminar com a sua vida: ela não conseguia pensar em um lugar que fosse bom o suficiente para seus gatos. Depois de meses de depressão, deitada em um sofá e berrando para Deus por alívio, Jasmine de repente sentiu uma calma interior como nunca havia sentido antes. Sem saber por que, se levantou e se dirigiu para uma pequena reunião em grupo de uma igreja próxima de que havia ouvido falar.

Ela realmente não sabia o que estava procurando. Mas quando o líder convidou Jasmine a comparecer em seus estudos semanais, ela aceitou. Apesar de ela nunca ter contado para ninguém no grupo sobre o seu desespero, a aceitação e o encorajamento do grupo mudaram sua vida. Jasmine descobriu que queria viver – e ganhou força renovada e habilidade de amar em níveis que nunca havia achado serem possíveis. Três anos depois, ela anda próxima a Deus e percebe que apesar de não saber o que estava fazendo naquela primeira noite, aquilo a levou a um futuro que nunca havia imaginado.

Abraão não sabia para onde estava indo também, quando Deus o chamou para juntar sua família e andar para um lugar ermo. Ele estava com 72 anos. "Mostre-me e eu irei" é, provavelmente, o que a maioria de nós iria dizer. Mas Abraão, com fé, aceitou as direções limitadas de Deus: "Vá e eu lhe mostrarei." Gênesis 12 revela toda a história: Abraão enfrentou um futuro incerto, mas foi – e o mundo nunca mais foi o mesmo.

Todas nós temos uma história, e estamos no meio dela. Podemos olhar para frente tanto com esperança, quanto com um medo paralisante, ou algo no meio disso. Mas com a perspectiva da verdade de Deus, podemos enfrentar o futuro com alegria e coragem.

A oração fortalece a esperança enquanto começamos a confiar naquele que tudo sabe. "Eu que conheço os planos que tenho para vocês", diz o Senhor, "planos de fazê-los prosperar e não de lhes causar dano, planos de dar-lhes esperança e um futuro" (Jeremias 29:11). Deus segura o futuro. Viva em esperança.

Uma Cama de Fé

[...] para que a fé que vocês têm não se baseasse na sabedoria humana, mas no poder de Deus.

1 CORÍNTIOS 2:5

Senhor, por favor, me baseie em uma cama firme de fé para que as minhas decisões descansem solidamente em ti – não na sabedoria de humanos ou em minhas próprias sensações inconstantes. Forte e seguro, Senhor, tu és a minha base. Erga-me na esperança e na fé enquanto coloco a minha confiança em ti. Não importa o que possa acontecer – ou o que possa ameaçar acontecer – por favor, deixe que minha vida fique firme por meio dos testes. Estabeleça o trabalho de tuas mãos, Senhor, de forma firme em mim.

Sempre Tenha Esperança

Temos esta esperança como âncora da alma, firme e segura.

HEBREUS 6:19

Senhor, por favor, me ajude a olhar para frente com atitude positiva – com fé, não com medo. Ancore-me com fé para minha alma, de forma firme e segura. Seja capitão do barco de minha vida, e me mantenha afastado de divagar em dúvida e insegurança no futuro. Agradeço-te, Senhor, pois estás no controle!

Viva Poderosamente

> *Cresçam, porém, na graça e no conhecimento de nosso Senhor e Salvador Jesus Cristo. A ele seja a glória, agora e para sempre!*
>
> 2 PEDRO 3:18

Senhor, tu tens todo o poder e a autoridade. Tu és o mais alto governante na terra – no universo inteiro! Que privilégio é vir humildemente, porém com coragem, diante de ti e pedir para que tu me fortaleças hoje. Para tudo que preciso fazer; para tudo que preciso dizer; que a tua vontade esteja em mim. Que as tuas bênçãos, Senhor, fluam pela minha vida – e que eu também seja uma bênção para outras pessoas.

Andando em Sabedoria

> *É a insensatez do homem que arruína a sua vida, mas o seu coração se ira contra o Senhor.*
>
> PROVÉRBIOS 19:3

Senhor, ajude-me a me manter longe da tolice do pecado. Peço por sabedoria e discernimento para fazer escolhas sábias em minha vida. Quando eu estiver tentada, dê-me a força para correr disso. Quando estiver incerta, ajude-me a saber o curso certo para agir. Quando eu precisar de boas ideias, ilumine minha mente com criatividade e inteligência. Tu sabes tudo, Senhor – que eu ande em tua sabedoria e aprenda teus modos.

Uma Vida de Louvor

> *Quem entre os deuses é semelhante a ti, Senhor? Quem é semelhante a ti? Majestoso em santidade, terrível em feitos gloriosos, autor de maravilhas?*
>
> ÊXODO 15:11

Sagrado, me revelo em teu esplendor. Estou maravilhada com tudo o que tu és. Tua majestade, soberania e glória são maravilhosos de observar. É por isso que louvo a ti. Não há ninguém como tu, Senhor. Deixe que músicas de adoração e louvor estejam continuamente na ponta de minha língua. Quero ser como uma amante que não consegue esperar para dizer para todos sobre o seu amado. Eu te amo, Senhor. Que eu viva uma vida de louvor a ti.

Deus Termina o que Começa

> *Estou convencido de que aquele que começou boa obra em vocês, vai completá-la até o dia de Cristo Jesus.*
>
> FILIPENSES 1:6

Senhor, estou tão feliz por tu terminares o que começaste em nós. Tu terminas o trabalho – e estou agradecida por isso. Tu não nos deixas como projetos inacabados em uma mesa de trabalho. Tu não te distrais e esqueces. Obrigada, Senhor! Tu começaste em minha vida, e sei que tu irás terminar o desenvolvimento de meu caráter para o teu bom propósito em minha vida. Crie em mim integridade, fé e alegria, Senhor, e ajude-me a terminar bem.

A Boa Vida

Ele mostrou a você, ó homem, o que é bom e o que o Senhor exige: pratique a justiça, ame a fidelidade e ande humildemente com o seu Deus.

MIQUÉIAS 6:8

Senhor, amo trilhar contigo esse caminho da vida. Enquanto continuamos nossa jornada, por favor, ajude-me a fazer o que é bom – o que tu queres que eu faça. A "boa vida" a seus olhos é, para mim, agir com justiça, amar com misericórdia e andar humildemente diante de ti. Dê-me a coragem, a graça e a força para fazer isso, Senhor. Em adoração humilde e agradecidamente, olho para ti e continuo adiante. Adoro viver a boa vida juntamente contigo.

Meu Futuro está nas Mãos de Deus

Mas eu confio em ti, Senhor, e digo: Tu és o meu Deus. "O meu futuro está nas tuas mãos; livra-me dos meus inimigos e daqueles que me perseguem."

SALMO 31:14,15

Senhor, agradeço por tuas mãos serem fortes e firmes. O meu futuro está em tuas mãos – e esse é um bom lugar para ele estar. Em minhas mãos, cairia e quebraria. Mas não na tua. As tuas mãos criam, tuas mãos guiam e orientam, e as tuas mãos seguram e confortam. Estou segura em cada momento de minha vida sabendo que tu irás proteger-me e manter-me segura. De mãos dadas, que nós encaremos o futuro com esperança.

Deus tem Bons Planos para Mim

> *"Porque sou eu que conheço os planos que tenho para vocês", diz o Senhor, "planos de fazê-los prosperar e não de lhes causar dano, planos de dar-lhes esperança e um futuro. Então vocês clamarão a mim, virão orar a mim, e eu os ouvirei. Vocês me procurarão e me acharão quando me procurarem de todo o coração".*
>
> JEREMIAS 29:11-13

Senhor, estou feliz em saber que tu tens planos para mim – pois o futuro é tão incerto em minha cabeça. Tu desejas que eu prospere, isso não me faz mal. Como o provedor de todos os bons presentes, tu embrulhas a esperança e o futuro para mim. Clamo a ti, Senhor, sabendo que tu sempre ouves. Procuro por ti com todo o meu coração, Senhor, e olho adiante com a esperança de que coisas boas virão.

Perseverança

> *Gloriamos-nos na esperança da glória de Deus. Não só isso, mas também nos gloriamos nas tribulações, porque sabemos que a tribulação produz perseverança; a perseverança, um caráter aprovado; e o caráter aprovado, esperança.*
>
> ROMANOS 5:2-4

Senhor, estou cansada – e por vezes quero desistir. A vida não é fácil. No meio das provações, Senhor, ajude-me a nunca desistir da esperança de que tu virás para mim. Ajude-me a confiar nos teus modos e no seu timing impecável. Fortaleça-me para gozar em esperança, na tua glória, pois sei que tudo que acontece comigo, acontece por alguma razão. Pelo meu sofrimento, tu estás produzindo perseverança. Em minha perseverança, tu estás construindo caráter. E em meu caráter, tu estás construindo esperança. Construa minha perseverança, Senhor.

Amor

> *Um novo mandamento lhes dou: Amem-se uns aos outros. Como eu os amei, vocês devem amar-se uns aos outros.*
>
> JOÃO 13:34

Senhor de minha alma, ensine-me a amar bem. É uma arte a ser aprendida – sei que não percebo instintivamente o que as outras pessoas precisam. Dê-me sabedoria para perguntar e abnegação para doar. Eu te amo, Senhor – mais do que a qualquer outra pessoa, mais do que tudo. Deixe que a tua afeição, cuidado e devoção fluam por mim. Que eu tenha um presente e um futuro repletos de amor.

Alegria

O Senhor é a minha força e o meu escudo; nele o meu coração confia, e dele recebo ajuda. Meu coração exulta de alegria, e com o meu cântico lhe darei graças.

SALMO 28:7

Senhor, tu és a minha alegria. Conhecer-te me dá alegria e força. Enquanto meu coração se protege, tu me proteges e me mantêns longe do perigo. Ajude-me a encarar o futuro com alegria. Encha-me com os teus bons prazeres para que eu possa trazer gozo ao meu redor – em casa, no trabalho e em meu ministério. Ajude-me a gargalhar mais e sorrir com frequência enquanto reflito a tua bondade. Tua presença, Senhor, é uma imensidão de alegria.

Paz

Não andem ansiosos por coisa alguma, mas em tudo, pela oração e súplicas, e com ação de graças, apresentem seus pedidos a Deus. E a paz de Deus, que excede todo o entendimento, guardará o coração e a mente de vocês em Cristo Jesus.

FILIPENSES 4:6,7

Senhor, tu és minha paz. No meio das incertezas da vida, do caos e das tristezas, não tenho que ficar ansiosa. Em tudo, irei orar e pedir pela tua ajuda, orientação e direcionamento. Eu dou para ti os meus desafios e apresento a ti minhas necessidades. Agradeço por tua paz calmante, que transcende todo o discernimento. Que a tua serenidade acalme meu coração e guarde minha mente em Cristo Jesus.

Todos Nós Seremos Mudados

Como está escrito: "Olho nenhum viu, ouvido nenhum ouviu, mente nenhuma imaginou o que Deus preparou para aqueles que o amam."

1 CORÍNTIOS 2:9

Senhor, estou ansiosa pelo meu futuro contigo – tanto aqui na Terra quanto mais tarde, no céu. Um dia irei ser mudada em um momento, em um piscar de olhos – e estaremos juntos para sempre. Não consigo sequer imaginar como isso será bonito! Nenhum olho viu, ouvido nenhum ouviu, mente nenhuma imaginou o que tu preparaste para teus filhos. Meu futuro é contigo, Senhor. Tu és meu maior prêmio!

Conclusão

O poder da oração

Eu sou a videira; vocês são os ramos. Se alguém permanecer em mim e eu nele, esse dará muito fruto; pois sem mim vocês não podem fazer coisa alguma.

João 15:5

A oração é poderosa. Eu já a vi transformar vidas. Um pródigo que conheço flanava de estações de esqui em Vail para lojas de surfe no Havaí à procura da vida. Ele encontrou apenas o vazio, até que o poder da oração o trouxe de volta para Deus. Hoje, ele e a sua esposa dirigem um orfanato cristão nas Filipinas. Jim e Debbie estavam prestes a se divorciar até que amigos, orando diligentemente por eles, enviaram o casal para um encontro de casais. Naquele final de semana, duas pessoas magoadas entregaram suas vidas a Cristo – e agora lideram um ministério que está crescendo junto.

O poder de Deus abre caminho onde parece não haver nenhum. Nossas orações fazem a diferença quando nós mesmos estamos conectados com Deus. "Permaneçam em mim, e eu permanecerei em vocês", disse Jesus em João 15:4. "Se alguém permanecer em mim e eu nele, esse dará muito fruto; pois sem mim vocês não podem fazer coisa alguma." Como um ramo ligado a uma árvore, nossas orações produzem uma colheita abundante; longe dele, não podemos fazer nada (João 15:5). Ele é o produtor, nós somos a oração. Nosso trabalho é nos mantermos ligados.

Antes de Paulo se tornar o grande apóstolo e missionário, ele se chamava Saulo de Tarso – e perseguia cristãos. Na estrada para Damasco, Saulo teve uma experiência profunda de conversão que mudou dramaticamente a sua vida (Atos 9:1-19). Logo, atendendo pelo nome de Paulo, ele começou a pregar, evangelizar e orar com vigor. Ele escreveu os resultados de viver no Espírito de Deus – o que ele chamou de fruto – em vez de viver de nossa forma natural e cheia de pecados. "Mas o fruto do Espírito é amor, alegria, paz, paciência, amabilidade, bondade, fidelidade, mansidão e domínio próprio" (Gálatas 5:22,23).

O fruto é o indicador mais importante da vida cheia do Espírito. Nós somos arrastadas por mulheres que mostram em seu conteúdo externo a alegria e a paz que flui dentro delas. Elas não são perfeitas, mas são perdoadas. As provações vêm, mulheres que são ligadas a Deus se recostam em teus braços fortes – e voltam resistentes. Elas estão fazendo uma boa colheita em seu caminho para a última colheita no céu.

Assim como uma árvore frutífera precisa da luz do sol, nós como crentes precisamos nos banhar na luz do filho, Jesus Cristo, para que nossa vida possa produzir uma colheita de amor, alegria e paz. Nós também precisamos ser podados, quando o peso de uma safra abundante requer ramos fortes. Esteja pronta para que Deus corte fora coisas de nossa vida para nos fazer pessoas de caráter forte e nos preparar para colher as nossas preces. "Se vocês permanecerem em mim, e as minhas palavras permanecerem em vocês", Jesus disse, "pedirão o que quiserem, e lhes será concedido" (João 15:7). Esse pedido é oração.

A minha própria vida tem sido frutífera por causa das orações. Durante meus anos de Ensino Médio, uma amiga me levou para um rali de Josh McDowell em Urbana, Illinois, onde uma mulher que eu nunca havia conhecido explicou claramente o amor e o plano de salvação de Deus para mim. Orei com ela para aceitar Jesus Cristo como meu salvador pessoal.

Aquela mulher sem nome em Illinois nunca teria antecipado o fruto que cresceria em minha vida da semente que ela plantou décadas atrás. Mal posso esperar para encontrá-la novamente nos céus e dizer para ela sobre a fidelidade de Deus ao responder as orações que fiz.

Assim como árvores frutíferas carregam uma variedade de sementes – maçãs, pêssegos, cerejas – cada um de nós carregará diferentes tipos de frutos, as bênçãos em nossa vida. A colheita abundante poderá ser um encorajamento de um amigo, um casamento forte, filhos saudáveis ou coração em paz. Para alguns, a colheita será um fruto nunca visto, uma abundância disponível que será reunida e gozada por gerações futuras por conta de nossas preces fiéis de hoje. Em seus vários formatos, nossas orações e a provisão de Deus criam uma cornucópia das bênçãos e da graça dele.

Estarmos ligadas e nos mantermos ligadas nos ajuda a orar poderosamente. Mantenha-se orando com coragem e tenacidade. Nunca desista. Mulheres que oram são mulheres que amam bem, vivem vitoriosamente e fazem a diferença no mundo. Minha esperança é que você venha a ser uma delas.

E não nos cansemos de fazer o bem, pois no tempo próprio colheremos, se não desanimarmos.

GÁLATAS 6:9

Notas

[1] Max Lucado, *No Wonder They Call Him Savior.*

[2] Lee Strobel, *Em Defesa da Fé.*

[3] Claire Cloninger, *Dear Abba.*

[4] Bill Hybels, *Ocupado Demais para Deixar de Orar.*

[5] Joyce Meyer, *Pareça Maravilhosa, Sinta-se Maravilhosa.*

[6] Martin Luther, citado em *Devotional Classics, Selected Readings for Individuals and Groups*, editado por Richard J. Foster e James Bryan Smith.

[7] George A. Buttrick, *Prayer.*

[8] Kay Arthur, *When Bad Things Happen.*

[9] Madre Teresa, *A Simple Path.*

[10] Judith Couchman, *Designing a Woman's Life.*

[11] Dutch Sheets, *Oração Intercessória.*

[12] Don Postema, *Speed for God.*

[13] Stormie Omartian, *The Prayer that Changes Everything.*

[14] Patricia Raybon, *I Told the Mountain to Move.*

[15] Ken Gire, *Intimate Moments with the Savior.*

[16] *One Nation Under God*, apresentado por Dr. James Kennedy, http://www.coralridge.org/OneNationUnderGod/constitution.htm

[17] Gregory A. Boyd, *The Myth of a Christian Nation.*

[18] Alfred Lord Tennyson, como citado em *Between Heaven and Earth*, editado por Ken Gire.

[19] Michael Yaconelly, *Messy Spirituality.*